新しい保育講座 14

障害児保育

若月芳浩・宇田川久美子 編著

ミネルヴァ書房

「新しい保育講座」シリーズ刊行にあたって

1989（平成元）年の幼稚園教育要領の改訂に合わせて刊行された「保育講座」シリーズは，何回かの改訂を行いながらも，約30年の月日が過ぎようとしています。このように長く続いた理由として，「保育講座」シリーズでは，発刊当初から，子どもや保育のことをほとんど知らない学生や一般の人にも，できるだけわかりやすく，しかも保育の本質がイメージできるような編集方針を貫いてきたからともいえます。それは，作家・井上ひさしの言葉にあるように「むずかしいことをやさしく，やさしいことをふかく，ふかいことをおもしろく，おもしろいことをまじめに，まじめなことをゆかいに，そしてゆかいなことはあくまでゆかいに」保育を語ろうということでもありました。

この度，2017（平成29）年3月に幼稚園教育要領や保育所保育指針，幼保連携型認定こども園教育・保育要領が改訂（定）されたのを機に，この「保育講座」シリーズも新たに内容を見直すことになりました。改訂（定）そのものは，1989（平成元）年に大きく改訂された幼稚園教育要領の方向に沿ったもので，その原理，原則が大きく変わったわけではありません。

ただ，この30年の間に，保育，教育，そして子育てを取り巻く環境や状況は大きく変わりました。少子化が進み，家庭・地域の教育力が低下していく中で，国際的な乳幼児期への関心の高まりもあって，日本でも新たに幼保連携型認定こども園制度ができ，幼児教育の無償化も進むなど，幼稚園，保育所，認定こども園といった施設の種類にかかわらず，乳幼児期の保育・教育の重要性は飛躍的に高まってきています。

また小学校以上の学習指導要領も大きく改訂され，「アクティブ・ラーニング」という言葉に代表されるように，これまでの知識や技能を教える教育から，これからの時代を生きぬくことができる資質・能力を育成する教育へと大きく方向を変えようとしています。

このような時代に，保育者を志す学生が乳幼児期の教育・保育の基本について，何をどのように学ぶかはとても重要です。やみくもに知識の量を増やしていくという学び方ではなく，問いをもって自ら課題に取り組み，保育や幼児教育の基本を常に問い直し，保育者になった時に，その実践の場で生かせるような力をいかに獲得していくか，その学びが，「新しい保育講座」シリーズを通して獲得していけると信じています。このシリーズの本を手にしたすべての学生が，子どもたちのための保育を実現できる保育者になってくれることを切に願っています。

2018年3月

子どもと保育総合研究所代表　森上史朗　　ゆうゆうのもり幼保園園長　渡邉英則

はじめに

障害のある子どもやかかわりの難しい子どもの入園は，就学前の園や施設において当たり前になりつつあります。しかし，社会的な状況を垣間見ると，障害のある子どもの受け入れを拒否したり，障害のある子どもの保育が困難であることだけを主張し，結果的に排除の方向に進んでしまう実態があることも否めません。

保育士資格や幼稚園教諭の免許を取得する学生さんにとって，障害のある子どもや人，そして社会の方向性をしっかり学ぶことは，欠かすことのできない要素です。しかし，現実的には保育実習で出会った障害のある子どもとのかかわりの難しさや，保育現場で障害のある子どもの特性が理解できないために，保育の困難性が明らかになってしまうこともあります。このような課題を解決するためには「何を」「どのように」学ぶ必要があるのでしょうか。

本書は上記の問題や課題を解決することを第一義的な目的としています。保育現場で働く先生方が研修会等で時々発する言葉に以下のようなことがあります。「障害については養成校の時に学ぶ機会が少なくて，よくわからないのです」。この言葉を聞いてどのようなことを感じますか？　当事者である先生は，そのことを問題に感じることなく，障害のある子どもが大変だから，保護者の理解ができていないからと，相手の責任にしてしまう言葉を聞くこともあります。このような問題を解決するためには，養成校でしっかりと学ぶ必要性があります。本書はこのような「学んでこなかった」と言うことにならないために，基礎・基本の部分から，実践における応用などを網羅して編集しました。そのために，障害に関する専門家や，実践で障害のある子どもと直接接している方，そして，研究者として障害のある子どもの保育を丁寧に考えている方など，多くの先生方にご協力をいただきました。

本書を教材として学ぶことによって，学生として知識として知らなければならないことをベースにした上で，保育現場に入って保育者として働いてからも役に立つ内容を凝縮しています。障害のある子どもや人を含む，共生社会の実現にはまだまだ課題はありますが，本書を通して学んでくださった方が，障害のある子どもや人を１人の大切な人としてかかわることができる保育者になることを願っております。

2020年11月

編著者を代表して　若月芳浩

もくじ

第３章　インクルーシブ保育の実現を目指して

第４章　障害のある子どもと共に学びを創造する

第５章　家庭との連携

第6章　関係機関との連携

第7章　小学校への接続

第８章　障害児保育の制度と歴史

第９章　指導計画・個別の支援計画

第10章 障害児保育における健康と安全

第11章 その他の特別な支援を要する子どもの保育 ——外国籍・貧困・虐待の問題を考える

第12章 障害のある子どもの保育にかかわる現状と課題

各章扉写真提供：かえで幼稚園・港北幼稚園・四季の森幼稚園
ゆうゆうのもり幼保園

第1章

障害児保育とは

どちらの子どもが年下に見えますか？

一人の子どもがもう一人の子どもの洋服の袖をまくってあげています。二人がしゃがんでいる向こう側に水たまりが見えることから，おそらく二人で泥遊びをしようとしているところなのかもしれません。泥水で袖が汚れないようにまくってあげているのでしょう。

この二人が同年齢ではないと聞かされたのなら，どちらがより年少の子どもだと思いますか。袖をまくってもらっている子どもの方が年下であると漠然と感じるのではないでしょうか。それは弱者の立場にある子どもやお年寄りや障害のある人は力が劣る分，お世話される存在だという認識が知らず知らずのうちにできあがっているからだと思われます。この例のように確かな根拠もないのに，私たちの中で当たり前になってしまっていることって意外と多いのではないでしょうか。

これから障害児保育を学ぶにあたって，まずは私たちの中に潜んでいる「当たり前」を問い直すことから始めてみましょう。障害児保育は保育の原点であるとよくいわれます。それは，保育の中で当たり前であるとされてきたことが，実は当たり前ではないことを，障害のある子どもは私たちに教えてくれるからです。障害児保育を学ぶことで，「ホントのことは何なのか」，ぜひ様々に思考を働かせてみてください。

1　障害児保育を支える理念

障害のある子どもは増加傾向にあり[1]，幼稚園・保育所・幼保連携型認定こども園での受け入れについては一般化しています。しかし，障害の特性についての理解や保育のあり方によっては受け入れ自体が困難であったり，受け入れたにもかかわらず保育のなかでの課題が増加してしまい，園生活が困難になってしまうような状況があることも否めません。この違いはどこから生まれてくるのでしょうか。障害児保育の基本を学ぶためには保育に対する理念と障害のある乳幼児の保育の理念をしっかりと理解した上で実習や実践に臨む必要があります。

学生のみなさんは「障害児保育」という言葉を聞くと，何か特別な保育のあり方があると想像するのではないでしょうか。また，障害児保育は障害のある子どものための保育とイメージする人が多いと思います。特別な保育，個別の指導の実施。それは違います。障害児保育は，実は保育の原点なのです。障害のある人を「特別な存在」や「何かしてあげる」対象として考える人は，特別な保育のあり方があると考えてしまうことがあります。障害のある人は，まさにその人が障害の特性をもちながらも，１人の大切な人間として命を授かり，１人の大切な人として家族と暮らしているのです。それは特別なことではなく，ごく当たり前のことなのです。当たり前の保育を実現することは，特別なこととはまったく異なります。障害があるから「いたわる」とか「思いやりをもつ」と言った考え方はこれからの学びにおいて捨ててほしいと考えます。障害のある人を特別な人として見るのではなく，多様な人がいることが，当たり前の社会にならなければなりません。言い方を変えればソーシャルインクルージョン[2]です。

障害のある人だけでなく，社会のなかには多様な人が存在しています。家庭の状況についても多様です。福祉の対象になる，被虐待の子どもの増加傾向や貧困率[3]の増加，離婚率の増加傾向，アレルギー児の増加，LGBT[4]など，現代社会は価値観を一律に考えるのではなく，社会全体に目を向ければ生きている人の姿はまさに多様な

➡1　内閣府『令和元年版障害者白書』2019年，p. 35。

➡2　ソーシャルインクルージョン
すべての人々を孤独や孤立，排除や摩擦から援護し，健康で文化的な生活の実現につなげるよう，社会の構成員として包み支え合うといった考え方のことです。

➡3　貧困率
内閣府の月刊総合情報誌『共同参画』には，次のような説明があります。「子供の貧困率は，平成27年時点で13.9％。およそ７人に１人が『相対的な貧困』の状態にあると言われています。『相対的な貧困』とはおおよそ，平均的な所得の世帯の半分に満たない所得のレベルで生活をしなければならないという状態です。今日の日本においても，子供の貧困という問題は現実に存在しているのです」（内閣府政策統括官（共生社会政策担当）付　子どもの貧困対策担当「行政，NPO，企業等官民連携で取り組む子供の貧困対策」『共同参画』２月号，2019年，p. 5）。

➡4　LGBT
LGBT とは Lesbian, Gay, Bisexual, Transgender の言葉の頭文字をとって組み合わせた言葉で，性的少数者（セクシャルマイノリティ）を表す言葉の一つとして使われることもあります。この機会に多様な性について考えてみましょう。

のです。そのような多様性（diversity）を受け入れることの重要性はここ数十年で明確になってきました。保育の世界においても病児保育・病後児保育など，子育ての支援の方向性も大きく変化してきました。以上のような経緯から考えると，ある特定の人間観や狭い価値観で人を見る事は既にできない状況にあるのです。本書では障害のある子どもを対象に保育を考える機会にしますが，学びを深める学生のみなさんにとっては，自身の人間に対する価値観を考え直すきっかけになることを願っています。

Work 1

障害児保育はなぜ保育の原点になるのでしょうか。自身の障害についての考えを語り，障害に対する今の思いを話す機会をもちましょう。

障害をどのように捉えているか，それは過去に出会った障害のある人や子どもと接した経験と大きな関係があります。障害のある人に初めて出会った時に，誰もが違和感を感じるのが正直な所だと思います。しかし，生活や接する時間が多くなればなるほど，その違和感はなくなっていきます。それは，その人を１人の大切な人として認めることが可能になるからです。それは「考え方」ではなく「かかわり」によって醸成されるのです。公共の交通機関としての電車や，街中などの公共の場で障害のある方と出会うことは珍しくないと思います。そのような時に，どのような感情を抱くか。この感情がとても重要になります。時に「怖い」「何をするかわからない」「距離を置きたくなる」といったネガティブな思いをもつ人もいるでしょう。逆に「何に興味があるのかな」「どのような障害なのかな」「何かできる事はないかな」などと，その人の視点に立ってポジティブに考えられる人もいると思います。さて，この違いはどこから生まれてくるのでしょうか。この点を自分自身の経験として考えてほしいのです。

自分と違う所をもつ人に違和感を感じるか，逆に個性と見ることが可能であるか，この違いはとても大きなことです。この違いは，それまでその人がどのような経験をしてきたのかに大きな影響を受けているのではないでしょうか。しかし，人間は経験や考え方によって自分の思いを考え直すことが可能です。本章では，是非この考え方を見直すための学びにつなげてほしいのです。

2　子ども理解の重要性

保育を担う保育者にとっても，障害のある子どもの保育経験が豊かな人と，そうでない人がいます。しかし，経験が豊かであるといっても，必ずしも障害児保育の理解が深いとは限りません。保育のなかで難しさを突きつけてくる子どもに出会った時に，違和感を感じて保育を実施するか，その子どもの立場に立って保育を考えることができるかの違いは「子ども理解」と深い関係があります。保育の原点は対象になる乳幼児の内面的な理解，つまりその子どもの立場に立つことや思いに寄り添うことが可能か否かによって対応が異なるのです。子どもには唯一無二の個性があり，発達の速度もまったく異なります。特に難しい2歳児の時期には，大人に対して無理難題を突きつけてくるのです。そのような状況において，大人の価値観を押しつけたり，大人の考える指導の計画に沿わせるのは，その子どもに大人の思いを押しつけることになります。当然のことながら，子どもはそのような大人の保育や子育てに違和感を感じ，さらに思いを通そうとして癇癪を起こしたり，パニックになったりして自分の思いを強く表現するのです。そのことは，大人の対応に問題があるにもかかわらず，子どもがわがままだから，障害があるからと対象の子どものせいにすることで自分を正当化してしまうのです。

このように子どもとのかかわりを考えると，保育の営みの原点は，保育所保育指針解説にも示されているように「子どもの発達について理解し，一人一人の発達過程に応じて保育すること。その際，子どもの個人差に十分配慮すること[➡5]」であるといえるでしょう。このことがいかに重要であるか，障害のある子どもの保育においても，健常の子どもに対する保育においても同じ考え方に立つ必要があります。逆に言えば，障害のある子どもやかかわりの難しい子どもの保育を丁寧に考えることができる保育者は，保育のなかで起きるさまざまな出来事に対して柔軟に対応することが可能であり，保育者

➡5　厚生労働省「保育所保育指針解説」2018年，p. 22。

として資質をもっていることにつながるのです。ここが，障害児保育が保育の原点になる重要な意味です。自分自身の考え方を整理しておきましょう。

Work 2

自身の障害に対する意識を明確にした上で，過去に出会った障害のある子どもや人の経験について整理しておきましょう。その経緯から自身の「障害観」を考えましょう。

以上のような考え方を世界での考え方を知ることと，現在の社会に必要な捉え方を理解しておくことが必要になります。

1994年にスペインのサラマンカにおいてインクルーシブ教育[6]のアプローチを促進するためにサラマンカ声明[7]として採択された内容から一部抜粋します。

> 特別な教育的ニーズを持つ子どもたちは，彼らのニーズに合致できる児童中心の教育学の枠内で調整する，通常の学校にアクセスしなければならず，このインクルーシブ志向をもつ通常の学校こそ，差別的態度と戦い，すべての人を喜んで受け入れる地域社会をつくり上げ，インクルーシブ社会を築き上げ，万人のための教育を達成する最も効果的な手段であり，さらにそれらは，大多数の子どもたちに効果的な教育を提供し，全教育システムの効率を高め，ついには費用対効果の高いものとする。

このように示され，インクルーシブな共生社会の重要性を世界に宣言したのです。

その後国連で2006年に「障害者の権利に関する条約[8]（以下，障害者権利条約）」が採択され，2008年に発効しました。日本はでは採択まで時間がかかりましたが，2014年に批准され，効力が発生しました。

その第24条「教育」において以下のようなことが示されていすます。

> 1．締結国は，教育についての障害者の権利を認める。締結国は，この権利を差別なしに，かつ，機会の均等を基礎として実現する

➡6　「障害者の権利に関する条約」第24条によれば，「インクルーシブ教育システム」（inclusive education system，署名時仮訳：包容する教育制度）とは，人間の多様性の尊重等の強化，障害者が精神的及び身体的な能力等を可能な最大限度まで発達させること，自由な社会に効果的に参加することを可能とする，との目的の下，障害のある者と障害のない者が共に学ぶ仕組みのことです。

➡7　サラマンカ声明
「特別なニーズ教育に関する世界会議：アクセスと質」（ユネスコ・スペイン政府共催，1994年）に於いて採択されました。この会議は，「学校がすべての子どもたち，とりわけ特別な教育的ニーズをもつ子どもたちに役立つことを可能にさせるため，ユネスコと協力しスペイン政府によって組織された会議」です（国立特別支援教育総合研究所ホームページ，https://www.nise.go.jp/blog/2000/05/b1_h060600_01.html）。

ため，障害者を包容するあらゆる段階の教育制度及び生涯学習を確保する。当該教育制度及び生涯学習は，次のことを目的とする。
（ａ）人間の潜在能力並びに尊厳及び自己の価値についての意識を十分に発達させ，並びに人権，基本的自由及び人間の多様性の尊重を強化すること。
（ｂ）障害者が，その人格，才能及び創造力並びに精神的及び身体的な能力をその可能な最大限度まで発達させること。
（ｃ）障害者が自由な社会に効果的に参加することを可能とすること。
（中略）
５．締約国は，障害者が，差別なしに，かつ，他の者との平等を基礎として，一般的な高等教育，職業訓練，成人教育及び生涯学習を享受することができることを確保する。このため，締約国は，合理的配慮が障害者に提供されることを確保する。

➡８　障害者の権利に関する条約
この条約は，「全ての障害者のあらゆる人権及び基本的自由の完全かつ平等な享有を促進し，保護し，及び確保すること並びに障害者の固有の尊厳の尊重を促進することを目的とする」ものです。日本国政府は，2007年に署名しました。

以上のような障害者の権利条約が批准されたことにより，障害のある子どもや人に対しては差別的なかかわりを完全に否定するだけでなく，どのような障害があっても教育の対象とした上で，個別の支援措置を丁寧に考え，さらに合理的配慮が提供されなければならないとの方向が明確に示されたのです。

3　合理的配慮とは何か

障害者権利条約において合理的配慮の必要性が明確に位置づけられ，すべての国民が，障害の有無によって分け隔てられることなく，相互に人格と個性を尊重し合いながら共生する社会の実現に向け，障害を理由とする差別の解消を推進することを目的として，2013年６月，「障害を理由とする差別の解消の推進に関する法律」（いわゆる「障害者差別解消法」）が制定され，2016年４月１日から施行されました。

次の文章は，文部科学省における障害を理由とする差別の解消の推進に関する対応要領に係る留意事項から抜粋したものです。[9]

➡９　文部科学省「文部科学省職員による障害を理由とする差別の解消の推進に関する対応要領」（文部科学省訓令第31号）2015年。

第４　合理的配慮の基本的な考え方（下線は筆者，保育として後

述）

一　障害者の権利に関する条約（以下「権利条約」という。）第２条において，「合理的配慮」は，「障害者が他の者との平等を基礎として全ての人権及び基本的自由を享有し，又は行使することを確保するための必要かつ適当な変更及び調整（A）であって，特定の場合において必要とされるものであり，かつ，均衡を失した又は過度の負担を課さないもの（B）」と定義されている。

法は，権利条約における合理的配慮の定義を踏まえ，行政機関等に対し，その事務又は事業を行うに当たり，個々の場面において，障害者から現に社会的障壁の除去を必要としている旨の意思の表明があった場合において，その実施に伴う負担が過重でないときは，障害者の権利利益を侵害することとならないよう，社会的障壁の除去の実施について，合理的配慮を行うことを求めている。合理的配慮は，障害者が受ける制限は，障害のみに起因するものではなく，社会における様々な障壁と相対することによって生ずるものとのいわゆる「社会モデル」の考え方を踏まえたものであり，障害者の権利利益を侵害することとならないよう，障害者が個々の場面において必要としている社会的障壁を除去するための必要かつ合理的な取組であり，その実施に伴う負担が過重でないものである。

以上の文言は障害のある人への対応の基本的な考え方として理解すると共に，保育の上でどのように解釈し，実施する必要があるかを丁寧に理解して具体的な対応を考える必要があります。

○「（A）必要かつ適当な変更及び調整」

保育の実践において障害のある子どもが存在している場合，課題になることがいくつかあります。たとえば偏食が多い，集団での活動に参加することが難しい，生活習慣が自立できていない，言葉で伝えてもなかなか理解してくれないなど，取り上げれば切りがないほどの課題が生まれてきます。しかし，未発達な乳幼児期の子どもには障害の有無にかかわらず，何らかの課題をもっていることが当たり前であると考える必要があります。保育所保育指針解説等にも明記されているように「障害のある子どもの保育については，一人一人の子どもの発達過程や障害の状態を把握し，適切な環境の下で，障害のある子どもが他の子どもとの生活を通して共に成長できるよう，指導計画の中に位置付けること。また，子どもの状況に応じた保育を実施する観点から，家庭や関係機関と連携した支援のための計画を個別に作成するなど適切な対応を図ること[10]」が乳幼児期の子どものためには最も重要な考え方です。それは障害のある子どもが目前に存在している場合，まさに一人一人の特性をしっかりと理解する必要があるのです。特に保育の状況のなかでは個々の子どもに合わせて指導のあり方や環境を工夫したり，変更したり調整を図るなどの対応が求められます。とかく集団として扱ってしまうと，個々の子どもに合わせることが難しくなる場合があります。しかし，障害のある子どもの保育を丁寧に考えるためには，この合理的配慮の考え方に基づき，保育のあり方を考える必要があります。

➡10　厚生労働省「保育所保育指針解説」2018年，p. 56。

Episode 1　お弁当が楽しみな時間に

自閉スペクトラム症の診断を受けている３歳児のＳくんは４月からの園生活にはかなり慣れてきた６月の頃です。他の子どもがやっていることをじっと見ている場面が多くなってきました。Ｓくんは多少の言葉は出るのですが，こちらが伝えていることついての理解がどの程度できているのか，担任の先生も伝え方などをいろいろと考えていたのですが，なかなか行動が伴わないことが多くありました。Ｓくんは絵本が大好きで，保育室にある絵本を持ってきては先生の所に来て，読んでほしい姿があったので，担任の先生は時間を見計らってＳくんの大好きな絵本を読み聞かせていました。そんな場面でＳくんはとても安定しているのですが，一斉の活動や気持ちの切り替えがなかなか難しく，時に混乱するような場面がありました。特にお弁当の時間になると偏食が多いＳくんは食べることに興味・関心が薄いために，なかなかお弁当を食べようとしません。そんな時，担任の先生はＳくんが大好きな絵本の絵をカラーコピーしてランチマットとして使ってみたのです。今までは興味のなかったお弁当の時間でしたが，それからは，先生が用意してくれたランチマットの場所に座り，自分でお弁当の用意をするようになりました。すると，他の子どももランチマットがほしくなったために，自分の好きな絵本を選んで，全員の絵本ランチマットが完成して，各自が楽しくお弁当の時間を過ごすことができるようになったのです。

担任との信頼関係とＳくんの好きなことを理解したこと，さらに，他の子どもたちも関心をもつことができた絵本とのかかわりがあったことで，Ｓくんに対する関心も強くなっていきました。担任の先生はこのことを保護者に伝え，合わせてＳくんの大好きな絵本の場面をラミネート加工[11]して家庭でも使ってもらうようにしました。担任の先生の丁寧な理解とかかわりのなかから生まれた事例です。

➡11　絵や紙などをラミネーターという機材を活用してプラスチックフィルムで挟み，丈夫にする加工のことです。

Episode 2　子どもの育ちによって合理的配慮を変更

園に気管切開をしているＬくんが入園してきました。入園当初は保護者に毎日園にいてもらったのですが，医療的行為としての痰の吸引の必要がなかったこと，また，カニューレが外れる可能性も低かったことで，保護者に園に来ていただく時間を少しずつ減らす方向で検討していきました。そのために，近所の園医の先生に相談し，万が一の時にはすぐに連れていくこと，保護者にも連絡を取り，即座に迎えに来てもらうことを約束しました。また，万が一の場合の対応について保育者が共通理解し，Ｌくん自身が楽しく園生活ができるよう，配慮する点について明確化し，成長と共に，状況に応じて対応の方向性を常に検討しながら必要なことを随時更新していきました。結果的には，園生活が十分に満足できる状態となり，笑顔で卒園していきました。

一人一人の子どもの興味・関心を丁寧に探ることから合理的配慮の方向性が見えてくることがあります。担任との信頼関係がベースとなり，個々の子ども理解が進むことがとても大切です。

○「(B) 均衡を失した又は過度の負担を課さないもの」

個々の子どもの状況を理解した上で，適当な変更と調整が必要な理由は，他の子どもと同じようにさせてしまうことが結果的に過度の負担になってしまう可能性があるからです。特に目の前の子どもに対して，他の子どもがやっているから何でも同じようにさせてしまうことが結果的に大きな負担を課してしまう可能性があります。また，さらには無理にやらせたことによって，そのことが嫌いになる可能性も否めません。

Episode 3　一人一人に合わせた遠足

Ｓ幼稚園には障害のある子どもが多く在園しており，個々の発達の理解や課題を常に話し合うなかで，どの子どもに対しても指導の方向性を常に検討しています。また，遊びの興味・関心などの子ども理解を共有するために，活動や遊びの記録や写真などを活用して常に保育者同士で対話をしながら保育の方向性などを丁寧に考えています。

園には多くの行事があり，毎年行く遠足の場所は子どもの興味・関心を大切にしながら検討しています。ある年の４歳児クラスは少し冒険ではあるのですが，公共の交通機関を使って動物園に行くことになりました。子どもが動物が大好きであることと，電車で15分程度の乗車で駅に到着することが可能であり，「子ども動物園」という触れ合いコーナーがあることから，下見に行った保育者同士で相談して決めました。しかし，４歳児クラスには障害のある子どもが数名います。そのなかに，２年保育で入園したダウン症のＭくんがいます。体力がまだないために，時々昼寝が必要になるような場面もあります。保育者間で話し合い，保護者にも動物園に行くことについて話しました。母親は「是非連れて行ってください」と言っていたのですが，１日歩くことが可能であるか，体力的に不安がありました。同じ経験はさせてあげたい，でも歩けなくなっておんぶや抱っこは先生にとっては体力的に難しいのではないかとの意見が出ました。そこで，スタートとゴールを変更して，彼の集合場所は動物園，さらに日頃活用しているバギーを用意することにしました。合理的配慮を検討するなかで，過度な負担を課さないことを意識した結果です。保護者にもそのことを伝えて快諾を得て，当日を迎えました。

いつもよりテンションが高くなった園児たちではありましたが，公共の交通機関である電車のなかでも大変静かに過ごし，動物園に到着することができました。ダウン症のMくんは入り口で待っていました。みんなも大喜びです。Mくんは一緒に園内を回り，思いのほかしっかりと歩いてくれました。しかし，お弁当が終わってからはかなり疲れたようで，結局バギーに乗って途中で昼寝もしました。共に生活をする周囲の子どもは，その姿を見て「やっぱり疲れるよね～」「僕がバギー押したい」などとMくんとかかわりたい気持ちを表現しました。結果的には仲間と一緒に遠足を楽しむことができて良かったと感じた遠足です。

個々の子どもの発達の状況に合わせて，過度な負担を課さないためには保護者と保育者間で合理的配慮についてしっかり検討することが必要であり，その結果が仲間関係の育ちにつながることになります。

以上のように，合理的配慮は成長発達と共に常に変更を心掛け，どの子どもにとっても安全に生活や遊びが展開できるように配慮することが必要になります。保護者との連携と園内での連携，さらに地域との連携も大変重要になります。

4　障害児保育の基本

障害のある子どもを園として受け入れるためにはいくつか配慮すべき点があります。保育の質的な向上が叫ばれるなか，障害のある子どもがいることが保育の困難さを生んでいるケースや，保育者の負担を多くしてしまったり，在籍しているクラスの保護者の方が障害のある子どもが在籍することに対して否定的な意見をもつなど，対応すべき点が多義に渡ります。本節では障害児保育の基本を理解した上で，園としての対応や保育の方向性についての理解を深め，具体的な実践に対応できる力を身につけてもらいたいと思います。

❶ 2017年の3法令の改訂（定）から

幼稚園教育要領，保育所保育指針，幼保連携型認定こども園教育・保育要領が改訂（定）されたことによって，障害のある子どもの保育についての記述がかなり共通化され，園としての取り組みの方向性が明確に示されました。学校教育法の第81条第1項では，幼稚園，小学校，中学校，高等学校等において，障害のある児童生徒等に対し，障害による学習上又は生活上の困難を克服するための教育を行うことが規定されています。また，障害者権利条約に掲げられている教育の理念の実現に向けて，障害のある子どもの就学先決定の仕組みの改正なども踏まえ，幼稚園や保育所等では，障害のある子どものみならず，教育上特別の支援を必要とする子どもが在籍する可能性があることを前提に，すべての教職員が特別支援教育の目的や意義について十分に理解することが不可欠です。

その具現化のために最も大切なことは，子どもが何に困っているのかを理解し，そのためにどのような援助が必要なのかを考えることですが，その他に必要なことはどのようなことでしょうか。

❷ 園としての取り組み

園長は特別支援教育実施の責任者として，園内委員会を設置して，特別支援教育のコーディネーター[12]を指名し，園務分掌に明確に位置づけるなど，園全体の特別支援教育の体制を充実させた上で効果的な幼稚園・保育所等の運営に努める必要があります。

障害のある子どもをクラスで受け入れた場合，その責任は当然担任の保育者に発生します。しかし，園の組織として障害のある子どもを受け入れていることから，園全体で子どもへの対応を検討しながら実践する必要があります。その際，園内に委員会を設置した上で，情報の共有をしたり手立てを具体的に検討する場が必要になります。その責任者としてコーディネーターを指名し，責任をもって子どもを理解しながら指導の方向性や具体的な手立てを検討することが必要になります。また，障害のある子どもの育ちを支えるためには，園内の連携を図るだけでなく，指導の成果や配慮事項などのあらゆる情報を共有し，個々の子どものもっている課題や指導の方

➡12　特別支援教育のコーディネーター
特別支援教育を推進するために，保護者や関係諸機関に対する学校や園の窓口として存在する教員として位置づけられている者のこと。この役割を担うために，専門職としての研修を受けることが必要です。

向性，その成果を常に意識しながら探っていくことが求められます。

❸ 個別の教育支援計画，個別の指導計画の作成・活用

2003年から実施された障害者基本計画においては，教育，医療，福祉，労働等の関係機関が連携・協力を図り，障害のある子どもの生涯にわたる継続的な支援体制を整え，それぞれの年代における子どもの望ましい成長を促すため，個別の支援計画を作成することが示されました。障害のある子どもは，園と家庭だけで生活しているわけではありません。障害の専門機関や医療機関，福祉施設など多くの場にかかわって生活しています。これらの施設は双方が連携する必要があるのですが，現実的にはなかなか接点をもつことの難しさがあります。そのため，個別の教育支援計画を作成することで，双方の連携を図るだけでなく，家族の思いや将来に対する方向性など，多くの人や施設が一人の子どもの家族を支えるために重要な役割を果たします。しかし，まだまだ実際の活用は少ないのが現実で，今後は一人一人の支援計画を丁寧に作成した上で，継続的に支援を行うために具体的に活用することが望まれています。

また，個別の指導計画は各園における「全体の計画」を具体化し，障害のある子ども一人一人の指導目標，指導内容及び指導方法を明確にして，きめ細やかに指導するために作成するものです。そのために適切かつ具体的な個別の指導計画の作成に努める必要があるのです。

❹ 遊びを通しての育ちを支える

障害のある子どもは，時に他の子どもと異なったこだわりや思いが顕著に見られる場合があります。しかし，当事者の子どもの興味・関心が偏っていても，その子どもにとっては自己実現としての遊びは大変重要です。また，同じことを何度も繰り返すようなこだわりの強さがある時に，意味が見えないこともあります。しかし，本人がこだわることややってみたいことには必ず意味があるのです。よって，禁止や制止に向かうのではなく，やっていることに対して共感的にかかわることが必要になります。

保育所保育指針等には，「遊びを通して」総合的に保育をするこ

とが明記されています。これは，障害のある子どもにとっても大変重要な意味をもつのです。「遊びを通して」の総合的な保育をするためには，環境を常に意識して構成したり，興味・関心が生かせる時間などを意識して多くし，周囲の子どもとの関係の形成に向けて，仲間と生活することを大切にする必要があります。それは，障害のある子どもにとっても，一人一人の興味・関心に基づいてじっくりと遊びこめることになり，子ども一人一人の育ちにつながるからです。

しかし，時に生活習慣の困難さや周囲の子どもとの関係の中でつながりがもてないような状況も起こります。その時こそ，障害のある子どもが安定した生活ができるように配慮した上で，困難さの克服のために必要な合理的配慮は何かについて保育者同士でカンファレンスを行ったり，保護者との連携を図るなど，全体でかかわりや遊びの方向性を丁寧に探ることが求められるのです。障害のある子どもが存在してくれることが，結果的には保育の見直しにつながったり，保育の質的な向上につながるなどの良い側面も多々あることを理解し，長期に渡って充実した園生活を経験することが将来の育ちの基礎を作ることを意識しなければなりません。障害のある子どもにとっても他の子どもにとっても共生社会のなかで生きてきた基礎がその後の良き人生につながることを大切に捉え，日々の積み重ねをしっかりと考えながら保育を展開することが大切なのです。

Book Guide 

・障害者差別解消法解説編集委員会（編著）『概説　障害者差別解消法』法律文化社，2014年。
障害者の権利条約の採択から障害者差別解消法の経緯などが詳しく記載されています。なぜこのような法律が必要であるか，また，どのようなことに配慮する必要があるかを学ぶことができます。

・坂爪一幸・湯汲英史（編著）『知的障害・発達障害のある人への合理的配慮――自立のためのコミュニケーション支援』かもがわ出版，2015年。
知的障害や発達障害のある人に対してどのような合理的配慮が必要であるかについて丁寧に説明されています。特に「自立」と「コミュニケーション」を重視した書籍です。

Exercise

1. 差別はなぜ生まれるのでしょうか。みなさんの幼児期からの体験を含めて考えてみましょう。
2. 保育室の中における「合理的配慮」を朝の支度や遊び，行事などの視点から具体的に考えてみましょう。

第2章

障害の理解と援助の基本

男児３人組！　ままごとコーナーで，いったい何をして遊んでいるのでしょう？

夢中になって炊事のまねごとをしていることから，男児３人でままごとをしているようです。「男の子がままごと！？」と少し，違和感をもった人もいるのではないでしょうか。確かに男児だけでままごとをする姿は，あまり目にすることはないかもしれません。それでは，なぜこの男児たちは炊事のまねごとをしているのでしょうか。自分にとても身近なお母さんの日常を自分たちでも再現し，同じようにやってみたかったのかもしれません。休日にお父さんと一緒に料理を作って楽しかったという経験があるのかもしれません。あるいは，煮たり炒めたりすることで食材が変化し，美味しい食べ物になるということにおもしろさを感じているのかもしれません。もしかすると，家族で出かけたレストランのシェフの料理する姿にあこがれをもったのかもしれません。このように子どもの身になってあれこれと考えていくと，男児がままごとをするということにも違和感はなくなってくるのではないでしょうか。

一見すると，違和感があり，理解し難いと思われる障害のある子どもの行為にも，何かしらの意味があり，その子どもにとって切実なメッセージが込められていることもあります。本章で学ぶ，「障害の理解」を礎にして，保育現場で出会う障害のある子どもたち，一人一人にとっての意味を理解し，援助につなげていきましょう。

1　育ちのなかで獲得する人間の機能と障害について

人間は，成長する過程で，遊びや学びのなかで，人間としてのさまざまな機能を獲得していきます。たとえば，歩けるようになり，物を持てるようになり，言葉をしゃべるようになり，他の人と一緒に行動できるようになり，文字を読んだり書いたりできるようになり，そして，自立した生活ができるようになります。それぞれの発達過程は，成長とともにはっきりとわかるようになります（図2-1）。また，人間が行動するための情報の流れや処理の過程を図2-2に示しました。感覚器（目や耳など）から，外からの情報を受け取り，感覚神経を通じて脳に情報を伝えて，それらの情報をもとに，脳で考えて行動に移します。行動するには，脳で命令し，神経を通じて，筋肉を収縮させることで，骨・関節を動かします。

障害とは，図2-2に示したような情報処理の機能がうまく働いていない状態と考えてください。これらの機能は，生きていく上で大切な機能であり，これらがうまく働かないと生活のなかで困ることになります。そのため，それぞれの障害に対して，さまざまな援助を行うことが求められるのです。

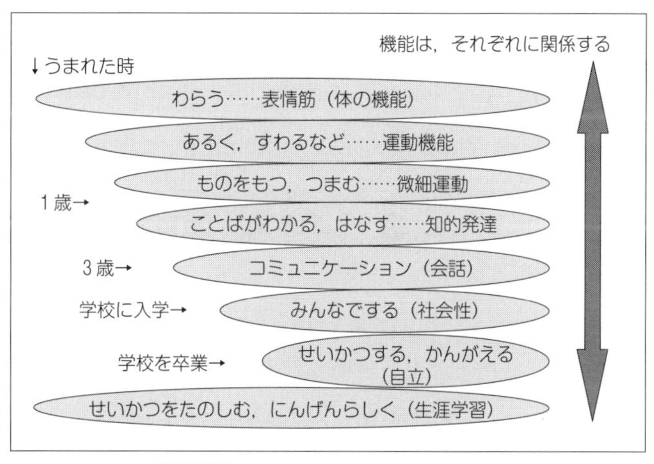

図2-1　発達の流れと獲得する機能

出所：筆者作成。

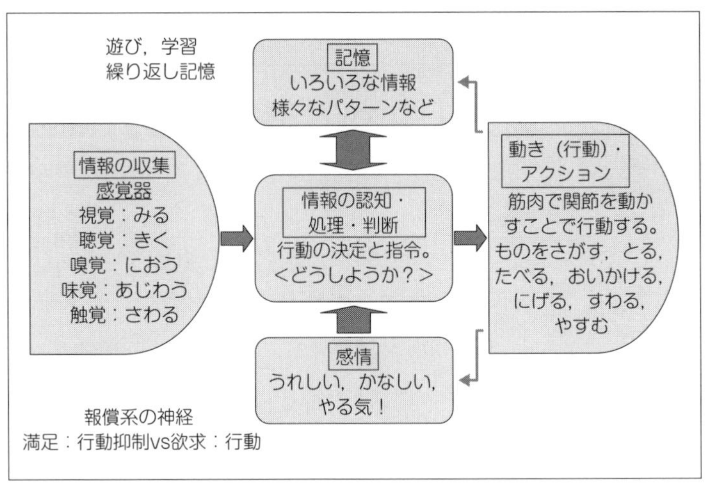

図2－2　人間の情報処理の流れ模式図

出所：筆者作成。

2 さまざまな障害の特性――視覚障害・聴覚障害，肢体不自由，知的障害

図2－1で示したように，人間がもっている機能は生まれもっているのではなく，成長とともに獲得していきます。先天性の障害であっても，生後から障害がわかる場合と，成長の途中で障害に初めて気づく場合があります[1]。また，障害の程度もさまざまですので，成長をサポートする保育や教育の場では，発達を見守りながら，それぞれの子どもの実態をしっかり把握することも大切となります。

ここでは，図2－2を参考にして，具体的な障害について見ていきましょう。「情報の収集」として視覚，聴覚を，「動き（行動）・アクション」として肢体不自由を，また，「情報の認知・処理・判断」として知的障害を例に取り上げます。

1　生後より障害がある先天性障害には，遺伝的な原因や染色体異常など狭い意味の先天性障害と胎児病（母体を通して胎児に何らかの影響を与えるような環境要因によるもので，たとえば水銀中毒による胎児性水俣病などがあります）や周産期（出産前後）に何らかの感染をすることが原因となるものを含みます。生後，感染症や事故などで起こる障害を後天性の障害といいます。

❶ 視覚障害，聴覚障害の特性

外からの情報を入手することが難しい障害，さまざまな感覚の障害があり，それぞれ特徴的な援助が行われています。特に，視覚と聴覚の障害があると，言葉や文字など人間の生活で必要なものを使うのに困ることが多いので，耳が聞こえない（聞こえづらい），物が見えない（見えづらい）といった感覚器の障害（視覚障害，聴覚障害）

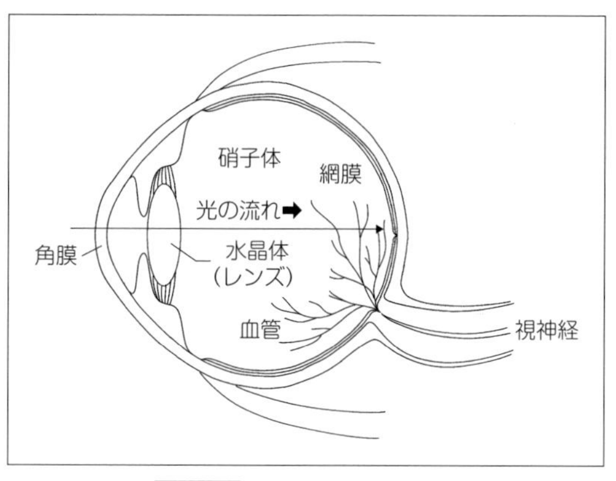

図2－3　目の構造の模式図

➡出所：筆者作成。

を，まず，考えましょう。

① 視覚障害

見る機能について，図2－3を参考にして説明します。光は，角膜，水晶体（レンズ），硝子体を通って，網膜に達すると網膜で感じた光の色や明るさなどの情報が電気信号となり，神経を介して脳に伝わります。そして，脳はその情報をもとにさまざまな処理を行います。その結果，私たちは物体を見ることができるのです。

つまり，物体が見えるというのは，網膜が物体の色や形を光の情報として感じ，脳がその光の情報をもとに物体の色や形や動きを認識するということです。この目と脳の働きがあって，私たちははじめて物体を見ることができるのです。しかし，この「光が目に入って脳がその情報を処理」するまでに何らかの問題が起こると，色や形が見えない（見えづらい）ということが起こります。このような，見えない（見えづらい）状態が続くこと（視機能[2]の永続的低下）を視覚障害といいます。また，視覚障害といっても，その見え方や程度はさまざまです。

それぞれの病気や障害によって治療や訓練が異なりますが，まったく光を感じることができない場合の生活を考えてみると，歩くときに，障害物にぶつかったり，こけたり，何かが飛んできても見えないために避けることができなかったりするでしょう。また，文字を読むことや書くことも難しく，周りの人の顔や表情から相手の感情を読みとることもできません。さらにいえば，生きるために必要な物（衣類や食料など）を探すことも難しくなります。弱視など，

➡2　視機能というと，見える－見えないといった「視力」の程度の問題と思われるかもしれませんが，視機能には「視力」だけでなく，「視野」「色覚」「光覚」「暗順応・明順応」「屈折・調整」などといった機能があります。つまり，視力が同じでも，見え方はそれぞれに違うといえます。なお，視機能の低下があっても，治療等によって回復する場合は，視覚障害とはいいません。

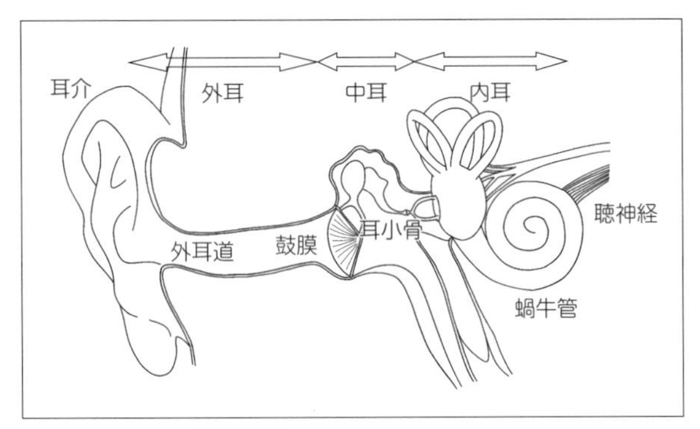

図2－4　耳の構造の模式図

出所：筆者作成。

うっすら見える場合には，おおよその形や色はわかるのですが，細かい部分がわからないために，たとえば，細かな作業ができないこともあります。このことからもわかるように，人というのは視覚から多くの情報を得て生活しているのです。

② 聴覚障害

次に，聞く機能について，図2－4を参考に説明しましょう。耳介で音を集めて，外耳を通り，鼓膜をふるわせ，中耳の耳小骨で音を増幅します。そして，蝸牛管で音を電気信号に変えて，神経を介して脳に伝わります。このような過程を経て私たちは，音や声を聞いているのです。この過程で何らかの原因によって問題が起こると聞こえない（聞こえづらい）ということになります。この状態が続くこと（聴覚機能の永続的低下）を聴覚障害といいます。視覚障害と同じく，聞こえ方やその程度はさまざまで，それぞれの病気や障害によって治療や訓練，補助具も異なります。結果として，まったく音を感じない場合には，言葉を聞くことができないので，他の人と会話するのが難しくなります。また，さまざまな音を楽しむことや危険を感じることも難しくなります。特に，このような状態が乳幼児期に起こると，言語発達やコミュニケーション能力，社会性や情緒などの知的・精神的な発達の面にさまざまな課題が生じます。

音は，波のように広く伝わっていくので，視線があわなくても，子どもたちに言葉を伝えることができます。聴覚障害のある子どもたちが，視覚に頼る場合に，音と違って視野に入らない場合には気づくことが難しいので，見えるもので伝えたい場合には，子どもたちの視線を確認することが大切です。

❷ 肢体不自由の特性

運動機能の障害は，肢体不自由ともいい，「身体の動きに関する器官が，病気やけがで損なわれ，歩行や筆記などの日常生活の動作が困難な状態」のことです。体を支える機能の障害，手や足といった大きな運動（歩く，物を持つなど）の障害，指を使った小さい運動の障害（つまむなど），また，口を動かすなど食べることや発音の障害など，また，全身の筋肉を使う運動に関するさまざまな障害があります[3]。

それぞれの障害の原因にあわせて治療，療育・訓練を行いますので，どのような障害があるのか，どのような治療や訓練を行っているのか知ることが重要になります。特に，乳幼児期は運動獲得の重要な時期ですので，個々に応じた保育を考える場合に，医療・療育機関（児童発達支援センター）との連携を図ることが求められます。

➡3　先天的な脳神経疾患や脳性まひ，事故による脳や脊髄の障害，運動神経の障害，筋肉や関節の各種疾病による障害などがあります。

❸ 知的障害の特性

感覚器から入ってきた情報については，認知，理解，記憶，判断などの処理を脳で行います。知的障害は，その処理過程の障害ですが，最近の知能検査では，それぞれの機能に特徴的な障害もわかるようになってきました。乳幼児は，知能検査ができませんので，発達検査で代用します。

知的障害を定義するのは難しいのですが，同年齢の子どもと比べて，「『認知や言語などにかかわる知的機能』が著しく劣り，『他人との意思の交換，日常生活や社会生活，安全，仕事，余暇利用などについての適応能力』も不十分であるので，特別な支援や配慮が必要な状態[4]」といえます。具体的な障害で考えてみます。

たとえば，目の前にあるものが食べ物であるのかどうかがわかりにくかったり，本物はわかるのですが，絵で描かれたものが理解できなかったりします。あるいは，具体的なものはわかるのですが，言葉で理解できない，言葉が理解できないために，指示をしてもわからないことがあります。また，単純な指示が理解できても，複雑に組み合わせた指示がわからない，いろいろな経験をしても，覚えることが難しい場合もあります。判断では，自分で考えて何かをす

➡4　文部科学省「教育支援資料――障害のある子供の就学手続と早期からの一貫した支援の充実」2013年，p. 107。

るのができないこともあります。また，他人にかかわって遊んだり，決まりを守って行動することなども難しい場合があります。

精神発達の鏡といわれる「言葉」ですが，言葉の獲得が遅い場合には，知的障害を疑うことができます。乳幼児の発達をみる大切なポイントです。

なお，言葉をうまく使えない場合，たとえば，「しゃべり方が幼い，さ行などの音をうまく使えない」といったような，コミュニケーションをとりにくい場合には，知的な発達ではなく，言葉を作るために使用する，口，舌，喉や鼻を動かす運動機能の障害（これらを構音障害といいます）を疑います。知的障害と間違えないように，しっかりと観察しましょう。

3 さまざまな障害に対する援助

保育の場面で考えてみると，乳児期から幼児期，就学前は，先に述べたように，遊びのなかで，知的な発達をうながしたり，さまざまな運動機能を獲得していきます。そして，保育活動では，成長とともに，子どもたちの行動は複雑な内容となります。ぐるぐるとクレヨンで丸を書いている状態から，お友達の顔を描いたり，好きな動物を描いたりします。また，歩いたり走ったりするだけではなく，飛んだり跳ねたり，また，運動を使った遊びができるようになります。また，子ども同士で，「ごっこ遊び」や「見立て遊び」といった複雑な遊びもできるようになります。これらの経験は，就学後の学び，社会生活における自立に役立ちます。障害があると，これらの活動が難しい場合もあるのですが，単に補助するのではなく，知的な発達を促したり，運動機能を獲得するといった援助により，生涯にわたり生活する力の基礎を築く大切な時期ともいえます。

障害のある子どもたちへの援助を考える場合には，

・子どもの特性の理解（アセスメントをしましょう）

・具体的な援助方法（専門家のアドバイスをうけましょう）

のステップを踏むことが必要です。

障害があるから保育は難しいと思う必要はありませんが，専門家の支援や指導があると，保育を考える場合に役立ちます。医学的な診断や特殊な療育だけではなく，保育の内容を具体的に説明することで，保育の場面や日常生活のなかでの援助に関するアドバイスをもらえます。

ここでは，具体的な援助法を例示していきましょう。

アセスメントといっても，医学的な診断や心理的な評価ではなく，日常の保育のなかで，アセスメントするとよいでしょう。たとえば，保育のなかでハサミを使う場合，ハサミという物の理解，ハサミをどのように使うか，実際に使えるか，よりうまく使えるか，安全に使えるかと考えてみます。

それぞれの障害の視点から考えてみると，ハサミが見えているか，ハサミという言葉が聞こえているか，ハサミという形の理解，機能の理解，そして，ハサミを使う運動能力，安全にハサミを使うことを含めて理解できているのかを評価します。それぞれで困っているところをアセスメントできると，どのような援助ができるかがわかります。それも決して難しいことではありません。見えていない場合には，手のところまでもっていく，できるところまで作業を手伝う，切れる前と切れた後の紙を比較する。聞こえない場合には，目の前にハサミをもっていく。ハサミの言葉が覚えにくい場合には，ゆっくりと発音して，繰り返して実演する，手を添えて使用する。安全にできない場合や器用ではない場合には，使いやすいハサミを用意する。このように障害にあった援助を考えることができます。

次に，障害別の援助について考えてみます。

❶ 視覚障害，聴覚障害への援助

視覚障害や聴覚障害は，基本的には，他の感覚を使用することが有用です。その時に，見える，聞こえるだけではなく，食べ物などでは，触った感じ，味や嗅いも併用するとよいでしょう。また，触感，あるいは，最近では小型モーターによる振動感覚も併用することができるようになりました。おもちゃに組み込んだりもできます。

視覚障害の場合は，実際に物を触るような経験，その時に，音声による刺激を併用します。聴覚障害の場合には，視覚情報がより大切です。音と違って，光は視野に入らないと認識できないので，皮膚感覚などによる注意喚起も併用して，目の前に物をもっていくようにしたりします。

弱視の場合には，できるだけ大きな絵を使う工夫も必要です。また，絵本の読み聞かせでは，前の方の席にする，明るくするといった配慮も大切です。難聴の場合には，大きな声でゆっくりと話すといった少しの配慮で，子どもたちとしっかりと会話ができます。

眼鏡を使うことや補聴器を使うことを嫌がる子どもたちも，それを使用すると，楽しく保育生活を行えることがわかると，嫌がることも減るでしょう。それは，子どもたちの成長にも役立ちます。

❷肢体不自由への援助

肢体不自由の場合には，障害の程度によりますが，車椅子や椅子を使うといった姿勢保持や移動手段だけではなく，絵本の読み聞かせのときの姿勢（保育者の抱っこの仕方など），緊張のほぐし方（左右対称で，手を前にする），また，ちょっとした姿勢の工夫（足底を床につける）など，専門家のアドバイスをもらえるとよいでしょう。また，重度の脳性まひなどの場合，ベッドの上で生活をする子どももいますが，横に向いた姿勢から立位にすると，姿勢保持という運動面の支援だけではなく，視野や視点が変わるという新しい経験をすること，つまり，いつもと異なった刺激を受けることで，新たな成長がみられることがあります。

肢体不自由のある子どもは，最終的には歩行ができることもあるので，最初から歩けないことの支援（車椅子など）だけではなく，その発達の程度に応じた指導や移動時間の設定（長くするなど）をするとよいでしょう。よく経験しますが，他の子どもたちの歩く姿をみることで，歩こうという意欲が出ることがあり，集団生活の大切さを実感できます。したがって，たとえば，遠足はできないと決めてしまうのではなく，そのなかで工夫や準備をしてみましょう。

❸知的障害への援助

知的障害では，子どもたちが，どのような場面で困っているのかをまず，知ることが援助の基本となります。

伝えようとしている内容が理解できないといった場合でも，すぐに知的障害と考えず，情報が入ってこないことによる他の障害，たとえば，先に述べた視覚や聴覚の障害，あるいは，後で述べますが，情報の判断の仕方や行動上の特性の障害，つまり，発達障害を考えた援助も必要となります。ここでは，知的障害のある場合で，言葉の指導を例に考えてみましょう。言葉は「伝えたいものがある！」ことを基本とします。保育者が子どもたちとかかわるときには，しっかりと言葉で表現します。またたくさんの言葉かけをしていくとよいでしょう。また，使用する言葉の単語も日頃使っているもので，はっきりと文節がわかるようにします。次に，子どもたちの要求表現を引き出します。「どうしたの，何がほしいの？」というように，すぐに何かをやってあげるのではなく，待つことです。そして，何がほしいのか，あるいは，何がしたいのかわかったとき，「そう，プリンが食べたかったのね」「このおもちゃがほしかったのね」といったように保育者がわかった内容を言葉にします。子どもたちは，表情や動作で，自分の気持ちを伝えてくれるので，しっかりとキャッチします。つまり，図2－2に示したような認知すること，理解すること，表現することが育ってきます。大切なことは，子どもたちの障害の程度や内容が異なるので，画一的にせず，速さや量，どの方法がよかったかなど，振り返りながら，子どもたちの特性にあったものを保育で提供します。同僚との意見交換でヒントを得ることもあり，そこで得たことなどは他の保育者とも共有するようにします。保育記録も，何ができたという事実に加えて，「このような対応がうまくいきました」「子どもたちはこのような要求表現を出してくれました」，といった具体的な様子，そのときのやりとりがわかる記録があると，家庭や保育者同士も連携でき，よりよい育ちを提供できることがあります。

言葉で例を示しましたが，他の場面も同じです。わかりやすい例示，音だけではなく，見えるものや触った感じなど他の刺激も利用します。保育者が「わかるはず！」と思わないで，実際の子どもたちの反応を確認することで，この絵カードはよかった，やっぱり本物を触ると表情が違うといったよい面，一方で，これは触るのも嫌がったなあといった望ましくない面もわかってきます。

保育では，個々の子どもたちへの配慮も必要ですが，集団というなかで育ちを実感します。他の子どもたちがしていることを見て，まねをすることもあります。また，他の子どもたちが，お手伝いをしてくれることもあります。逆に，知的障害のある子どもたちへの援助によって，日常生活面で，どのようにしたらよいのか，少しとまどっていた他の子どもたちもわかりやすくなったという例もあります。そこに，保育上のヒントもありますので，子どもたちの反応から振り返ることも必要です。

子どもたちが，何かしたいという気持ちが大切ですが，知的障害があると，やり方が理解できないといったことを経験します。ここでは，「スモールステップ」の考え方を，少し，説明しましょう。最初からすべての動作を覚えるのではなく，一連の動作や活動に，少しずつ段階をつくる方法です。最初に例示したハサミで考えてみましょう。ハサミを見せて，切り方を見せた後，練習すると，途中で失敗をしながらも，繰り返しのなかで，子どもたちは上手になります。まず，ハサミがどのようなことができるかを何度も見せます。そして，ハサミを触る練習　⇒　ハサミを動かす練習　⇒　まっすぐに切る練習　⇒　簡単な形を切る練習……といった一連の動作を細かく設定し，そのつど褒めながら，ハサミを使うという作業をします。同様にさまざまな保育の場面でも，毎日少しずつ活動を定着させながら，毎回，できたことをしっかりと認めてあげると，次のステップに進みやすくなります。

また，食事の援助やトイレの援助も，できないからといって何でもしてあげるのではなく，子どもたちが自分でできることを確認しながら，「次はここまでやってみようね」と，少しずつ，目的とする食事や排せつの自立を得るようにしていきます。

これらのことは，知的障害のある子どもの援助に特別な方法ではありません。保育プログラムを実施することを目標とするのではなく，保育の中身や過程を丁寧に見ることと，子どもたちができることを把握することが大切です。また，子どもたちの活動を支えるために，図２-２でも示した行動までの情報処理の流れを理解し，褒めることで，行動を確かなものにする，次の行動への意欲を育てることは，知的障害の子どもたちの保育にとっても，大切でしょう。

4 発達障害の特性と援助

❶ 発達障害の特性

発達障害は，先に示した図２－２をもとに考えると「情報の入り方が異なる」「情報の処理の方法が異なる」「速さが異なる」「記憶の方法が異なる」などといった特徴と考えることができます。図２－１で示したような，個々の運動や知的な発達の障害ではなく，それを組み合わせて，会話をする，共同で作業をする，自立するという発達の障害といえます。そのために，一般的な理解がわかりにくい行動，伝わりにくい会話などが見られます。集団生活を始める頃に気づくことが多いので，４～５歳児でのアセスメントが効率的でしょう。「発達障害」といっても，さまざまな障害（診断名）があり，その特性も異なるのですが，「気になる行動」として相談を受けることが多いので，まずは診断名による症状の説明ではなく，就学前の子どもたちの実際の例を紹介しましょう（表２－１）。

これらの相談例を参考に，子どもたちをアセスメントすることで，子どもたちの行動特性を理解することができます。その上で，次に述べる具体的な支援を通じて，実は，子どもたち自身の困っていること（障害）を援助することができます。

表２－１で述べたような「気になる行動」，子どもからみたら「困っていること」（障害）の多くは，発達障害と診断・アセスメントされることがあります。確かに，診断によって具体的な援助のアドバイスをしますが，診断ありきではなく，子どもたちの困っていることを中心に援助を考えます。子どもたちの行動の特性を理解することで，子どもたちの発達・育ちをサポートすることができます。また，発達障害の特性に加えて，環境的な要因で子どもたちの様子が変わることを理解してください。

いくつか，具体的な援助例を紹介しましょう。

まず，発達障害の特性に応じて，基本的には，視覚支援，スケ

表2-1 保育・教育現場における「気になる行動」としての相談例

コミュニケーションの障害（自閉的な行動を含む）
- 一人で遊ぶのを好み，他の子どもと一緒に遊ぼうとしない
- 他の人の話を聞かず，一方的に話をする
- 会話におけるやりとりが成り立たない
- 状況にそぐわないことを突然，話し出す

社会性の障害（コミュニケーションの障害と重なる部分もある）
- 他の子どもとの遊びに関心を示さない
- 集団での生活におけるルールに無頓着である
- ルールのある遊びにうまく参加できない，あるいは，勝手に行動する
- 見境もなく，だれにでも話しかけようとする

想像力の障害と行動の障害（発達障害でみられる行動）
- こだわりが強く，自分の思い通りにならないとパニックを起こす
- 自分の好きなことや嫌いなことの興味が著しく偏る
- 人と違ったとらえ方をする－ものを見る時に斜めに見たりする
- 初めての場所では，不安のためにパニックになる

多動性の障害
- 落ち着きがなく，何かしら動いている（じっとできない）
- 注意があちらこちらに移る，あるいは，いろいろなものに興味がいく
- 何かを見つけると，急に飛び出す（道路では車にひかれそうになる）
- 自分の行動を抑制できない（衝動的に行動する）
- 順番を守ったり，待ったりすることができない

感覚の障害
- 感覚過敏（感覚の障害）－音や接触を極端に嫌がる
- 姿勢保持が続かない（同じ姿勢を長く取れない）

発達にかかわる内容
- 言葉が遅い
- 身辺自立が遅れる
- 操作がうまくできない（不器用）

園での集団生活を送る中での保育者や保護者からの相談の例（上記と重なる）
- 他の子どもに乱暴な行動をする（手が出る，おす，たたくなど）
- 保育の中で，他の子どもと異なった行動をする
- 感情の制御ができない（パニックを起こして，突然泣くなど）
- 行動の制御はできない（突然走り出す）
- 運動会などで，集団行動を逸脱することが多い
- さまざまな式（お別れ会など）で，その場にじっとしていることができない，あるいは，その場を飛び出す
- 保育者や保護者が指示した通りに動けない（特に声だけの一斉指示）
- 保育者や保護者が指示していることを理解できない

出所：筆者作成。

ジュール化（あるいは行動の予測），ほめることによる望ましい行動の提示，不安（パニック）に対する対応などがあります。

まず，視覚刺激を使った視覚支援の方法として，スケジュールを黒板に示すこと（予定をわかりやすい絵にしてはるなど），活動が切り替わる終了時刻を時計の針で示すこと（「長い針がここまできたら片付けましょう」など）があります。また，靴のシールを靴をぬぐ場所にはることで，自然と靴をそろえてしまうような行動も見られます。

次に，予定している内容を理解すると不安が減り，その予定に従って生活を送ることができるので，新しい場所に行く場合や行事を行う場合には，スケジュールを伝えるようにします。言葉の理解が難しい場合は，絵を使った説明も有効です。たとえば「明日は遠足で，楽しみだね。でも，雨が降ると，保育園の室内だよ」といったように，分岐のスケジュールを伝えることも大切です。また，健診を嫌がる子どもが多いのですが，おもちゃの聴診器を使って，練習する（スケジュールを示す）こともよいでしょう。

スケジュール化を応用して，「～してくれるとうれしいな」という望ましい行動を具体的に示すことで，提示したことを行ってくれることもあります。もちろん，このときにできたことは，しっかりと受け止め共に喜び，褒めてあげることで次の行動へとつながります。どうしても望ましくない行動が多いので，制止されることや叱られることが多くなりがちですが，叱ることで行動の抑制はできません。「こんな○○ちゃんは大好き！」のように，特に形のない愛情が大事な報奨になることを心に留めておきましょう。この時に，食べものなどによる報奨を与えないことが大切です。これは，後述する指導の統一性につながります。

感覚過敏については，嫌がる感覚刺激がわかれば，そのような刺激を与えないようにします。また，不安（パニック）に対する対応として，パニックを起こしている場面から待避する，あるいは，安心できるコーナー・部屋を用意する，安心できる方法を共有する（特定のグッズなどで落ち着く行動も見られます）ことも大切です。視覚から入る情報が多くならないような工夫もしましょう。

保育・教育の場面では，次のようなことも留意しましょう。まず，指導は統一します。保育者間の連携はもちろん，家庭との連携をしっかりとしないと，子どもたちは混乱を起こします。また，子どもたちに説明する内容は，短くわかりやすくすると同時に，ジェスチャーをまじえるなど，視覚を併用することで伝わりやすくなります。

保育の現場では，多くの子どもたちが共に生活を送っています。保育者が丁寧に寄り添いながら，他の子どもとのかかわりが生まれるきっかけをつくっていきましょう。また，保育のなかで障害やできないことにだけ目を向けないで，子どもたちの得意な分野に気づいてあげることも大事です。そのことを他の子どもたちが理解すると，たとえば，「○○博士」といったように，そこからコミュニケーションがうまく進む場合もあります。できないことをできるようにすることばかりに目を向けるのではなく，得意な領域を伸ばすようにしましょう。

上記のような，具体的な支援の方法について，発達障害の相談の場面で紹介すると，その支援によって子どもたちの変化を示すことができるので，マジックといっていますが，保育者もちょっとした工夫で支援することで子どもたちが変化したときには，保護者に伝えるとよいでしょう。具体的な支援を行う前に大切なことは，発達障害を知っておくことと，子どもたちを理解することです。ここから支援は始まるということを忘れないでください。そのために，診断が必要なこともあります。保育者として，保護者からニーズを引き出すこと，子どもたちの育ちを支える具体的な支援について提案できること，そして，専門的な機関での診断・相談へ「もっとよい方法を考える」というスタンスでつなげることは，子どもたちが社会でうまく生活する方法を学ぶことにつながります。

❷ 発達障害の医学的な理解

ここまで，具体的な子どもの姿などから発達障害の特性と援助について見てきました。診断名ありきではなく，目の前の子どもを見ることが大切であるとはいえ，発達障害の診断，あるいは，さまざまな病態があることも知っておくことが必要です。最後に，少し難しい分類も含めて説明をしますが，すぐにわからなくても，子どもたちの保育を通じて，振り返るときに役立つと思います。

① 発達障害の診断・定義

発達障害の診断や定義は，さまざまな場面で異なりますが，日本の発達障害者支援法に定義されている「発達障害」について説明しましょう。世界保健機関は，国際疾病分類（現在は，ICD-10ですが，新しくICD-11に変更になります）を用いて，参加国の比較や統計をとっています。そのなかで「精神及び行動の障害」の項目があり，10のサブカテゴリーがありますが，ICD-10による「心理的発達の障害（F80-F89）」と「小児〈児童〉期及び青年期に通常発症する行動及び情緒の障害（F90-F98）」の２つを「発達障害」としています。

前者には，学習障害や広汎性発達障害（ICD-11では，自閉スペクトラム症（ASD）に変更されます），後者には，注意欠如／多動性障害（ADHD）などですが，保育現場で支援が必要となる子どもに用いる診断名としては，「自閉症」「アスペルガー症候群」「広汎性発達障害」「学習障害」「注意欠陥（欠如とする場合もあります）／多動性障害」などです。「学習障害（LD）」は，教育をうける頃に明らかになってくる学習能力の特異的発達障害で，ICD-10では，特異的読字障害，特異的書字障害，算数能力の特異的障害，学習能力の混合性障害，その他の学習能力の発達障害としています。保育の場面では，絵が上手ではない，間違って考えやすいなどの場合に疑うこともありますが，実際にはわかりにくい障害です。

発達障害は，脳に何らかの障害があると想定されていますが，現時点では，解剖学的あるいは生理学的に，いくつかの仮説や可能性も報告はあるものの，明確にすべてを説明できていません。そのために，いくつかの行動をチェックして診断する方法を用います。検査結果による診断ではないので，似た症状であっても診断名が異なることもあり，また，経過で診断名が変わることも知っておきましょう。

このことから，繰り返しになりますが，保育現場では，診断名にこだわることや診断名に基づく援助方法より，個々の事例や経過（時期）によることを踏まえて，保育ニーズをもとに援助を考えることが大切です。

発達障害は，知的発達の障害，運動発達の障害というように，明確に「何の発達」かがわかりにくいことを説明しましたが，発達障害で「気になる」とされる行動等の多くは，成長過程で身につけていく能力ですので，子どもの特性を理解することが大事です。保育における援助としては，特別な難しい手法ではなく，ちょっとした工夫で可能です。その時に少し診断名を知っておくと，子どもの特性を把握しやすくなります。たとえば，行動の理解はできるが量的な障害（注意欠如／多動性障害など），行動の理解には少し専門的なアセスメントが必要となる質的な障害（広汎性発達障害，今後は，自閉スペクトラム症に変更）については，知っておくとよいでしょう。

② 広汎性発達障害（自閉スペクトラム症（ASD））の特徴

発達障害のなかで，広汎性発達障害を英国の児童精神科医ローナ・ウイングは，「社会性の障害」「コミュニケーションの障害」「想像力の障害と行動の障害」の3つ組の障害と定義しました。今後，先に述べた自閉スペクトラム症（ASD）として，従来，感覚過敏としていた「感覚の障害」を加えることになっています。「社会性の障害」は，暗黙のルール，自分の約束事（マイルール）があり，相手の立場を理解する・いわゆる場を読むのが苦手です。「コミュニケーションの障害」は，表現能力が高くないことが多いので，ストレートになる，臨機応変性がなく，言葉通りに捉える，比喩が苦手であるので，他人との関係性（社会性）で困ることがあります。「想像力の障害と行動の障害」は，現実と空想の隔壁が薄いため，たとえば，ごっこ遊びが苦手である，おおよそという概念が弱く，見立てが弱いことや，こだわりがある，そのために，予定が狂うとパニックになること，興味や関心の偏りがみられるために，行動上の障害が出ます。

③ 注意欠如／多動性障害（ADHD）の特徴

一方，注意欠如／多動性障害（ADHD）は，幼児期は多動障害が目立ちますが，成人になると多動性が減り，注意欠如のみが残る例が多くなります。症状は一般的な行動と理解でき，量的な問題です。この多動性には薬物療法[5]を行うこともありますが，それに代わる行動療法が，今でも有効な援助となります。

➡5　精神科で一般的に用いる抗不安薬など二次的な症状の改善に用いる薬物と，ADHDでは，作用機序は十分わかっていませんが，報奨系の神経を刺激することで鎮静効果がある薬物を用います。

④ 発達障害と経験について

発達障害の子どもたちを観察していると，社会的に望ましくない行動であっても，実は，本人の経験から獲得している行動であるので，特性と合わせて，社会的に受け入れられる行動に変更するのは難しいことです。子どもたちの行動は，どこかで経験しているということを理解するようにしましょう。たとえば，乱暴な行動をしてはいけない，というのは当然です。しかしながら，子どもは乱暴な行動による利得をどこかで経験しています。保育者や養育者も乱暴な行動をしないこと，乱暴な行動は困ることを，子どもと一緒に経験することで，子どもたちの行動が修正されるようになります。発達障害の特性としてある，物事をストレートに理解することが多いので，子どもたちの行動は，保育者や養育者の行動が鏡のように反映されると考えるとよいでしょう。自閉性や多動性を治すわけではないので，新たな環境や場面の設定が重要となります。

❸ 発達障害と間違えられる他の障害との関係や二次障害など

発達障害かもしれないと相談を受ける例のなかには，実は，他の障害によることがあります。

たとえば，保育者，養育者との関係で，子どもの防御機構として人との関係性をとりたがらないといった行動，あるいは，愛着障害があると，人との関係性がうまくいかないといった，発達障害の特徴を示すことがあります。また，視覚障害で見えにくいために近寄ろうとする行動，また，聴力障害は，音による指示が入らないために，発達障害と間違えられることもあります。

知的障害のところで述べましたが，情報が理解できないために，コミュニケーションがとれないことから，発達障害の特徴が出る場合と，逆に，学習障害で読字障害や書字障害があるために，文字による学習ができずに，学力がのびないことから知的障害と間違えられることもあります。

発達障害では，成長とともにコミュニケーションが取れにくい状況が続くと，二次的な心因反応として，うつ状態や適応障害，あるいは，不登校につながることがあるので，十分に注意することが必要です。

5　重症心身障害児，医療的ケア児の理解と援助

❶ 重症心身障害児

重症心身障害とは，字の通り，知的障害（心）と身体障害（身，主に肢体不自由）を併せ持つ障害で，特に，重症である場合であり，福祉の領域で使用する用語です。乳幼児の場合，実際には病院に入院していたり，福祉施設などに入所していたり，あるいは，在宅で介護を受けていたりすることも多いのですが，今後は，重症心身障

害の乳幼児も保育所等に入所するケースが増える可能性があります。援助としては，個々の障害に応じた支援を複層的に行うことです。ただし，次に述べるように，医療的ケアを必要とする乳幼児の場合には，看護師の配置など，園として別途検討する必要があります。

肢体不自由に加えて，知的障害が加わると，意思の表示＝欲求表現がわかりにくい場合がありますので，医療や療育機関と連携して，子どものアセスメントに応じた援助を考えます。重症心身障害のある乳幼児も，生き生きとした表情や反応（興奮状態のような反応もありますが，それらを含めて子どもの何らかの反応）を見せることがあり，子どもの要求表現＝サインの確立，そして，残された感覚刺激や運動機能を使って，自分で表現できるようにします。

❷ 医療的ケア児

日常生活を送るために必要な医師から指示された行為（医行為）は，服薬のように比較的簡単なものから，専門的な技術が必要な内容，たとえば，栄養チューブを使った栄養の補給（経管栄養），呼吸をするために気道の途中を切開する気管切開や人工呼吸器の使用，排尿をするために尿道に管の挿入（人工導尿）などがあります。従来は入院をして治療を受けていたのですが，子どものQOL[6]を考えて，家族あるいは本人が自ら医療を行うこと（在宅医療）で，退院できる時代となりました。このような状況を受けて，児童福祉法が改正され（2016年），第56条の6第2項「地方公共団体は，人工呼吸器を装着している障害児その他の日常生活を営むために医療を要する状態にある障害児が，その心身の状況に応じた適切な保健，医療，福祉その他の各関連分野の支援を受けられるよう，保健，医療，福祉その他の各関連分野の支援を行う機関との連絡調整を行うための体制の整備に関し，必要な措置を講ずるように努めなければならない」と改正されました。今後，医療的ケアが必要な子どもが，福祉施設（保育所等の児童福祉施設を含む）を利用することができるようになりました。看護師による医療的ケアが中心ですが，一定の研修を受けると，介護士や教員，保育士も，限られた特定行為（口腔内の喀痰吸引，鼻腔内の喀痰吸引，気管カニューレ内部の喀痰吸引，胃ろう又は腸ろうによる経管栄養，経鼻経管栄養）については，実施が可能となりました。現実的には看護師が行うことが多いと考えられます

➡6　QOL（Quality of Life）
生活の質と訳します。つまり，より豊かな生活，子どもたちでいえば，より楽しい遊びや学びができることです。

が，緊急対応などを含めた施設全体の連携も必要となってきます。

Book Guide 

・国立特別支援教育総合研究所「ぱれっと（PALETTE）」作成チーム『手厚い支援を必要としている子どものための情報パッケージ　ぱれっと（PALETTE）――子どもが主体となる教育計画と実践をめざして』ジアース教育新社，2016年。

障害とは何か，あるいは，保育上の支援についての本はたくさんあり，本章でも簡単に説明をしました。では，どのように支援しようか，と考える時に，障害ありきではなく，子どもたちが困っている様子をアセスメントする必要があります。この本は教育現場の研究ですが，保育のあとにある就学後のことを知ることは，保育を実践していく上に参考になります。

Exercise 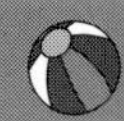

障害のなかで，一つ選択し，保育を行う上で，子どもが困ることを具体的に示し，それに対する支援を考えてみましょう。

第3章

インクルーシブ保育の実現を目指して

絵本に向かって指をさしている，その小さな指さきからあなたは何を感じますか？

子どもが「見て！　見て！」と大人の視線を誘って指をさす姿は，誰もがよく目にしたことがあるのではないでしょうか。子どもだけではありません。私たち大人でも「見て！」と思わず指をさしてしまうことがあるでしょう。それはどのような時でしょうか。心が動かされる，そんな出来事に出会った瞬間ではないでしょうか。子どもでも大人でも，自分の心の中が大きく揺れ動いた時，その瞬間を誰かと共にせずにはいられなくて，共感したくて指をさすのです。

一般的に，自閉スペクトラム症の子どもは，このような誰かと共感することを目的とした指さしはできないと考えられています。もしあなたが保育者になった時，担任するクラスに自閉スペクトラム症の子どもが在籍していたらどうしますか。その自閉スペクトラム症の子どもが心動かされた瞬間に指さしをしてくれないからといって，もう最初からその瞬間を共にすることを，あなたはあきらめてしまいますか。

園生活を送る中で，障害のある子どもにも驚いたり，不思議に思ったり，うれしくなったり，悲しくなったりすることはたくさんあるでしょう。そんな瞬間を子どもと共に生きていくために，インクルーシブ保育の実現を目指して，私たちができることを考えていきましょう。

1 園生活に「参加する」ということ

保育の現場に障害のある子どもが入園した際，障害のある子どもが健常の子どもと園生活を共にするということをどのように支えていくことができるのでしょう。まずは障害のある子どもが園生活に「参加する」ということから考えていきましょう。

❶ 子どもなりの「参加」を尊重する

筆者が，時おり保育にも参加しながら観察を続けていたA幼稚園に在籍するカズキ[1]の園生活の一場面[2]から考えてみましょう。

カズキはダウン症，及び，頸椎亜脱臼，重度の知的障害と診断された5歳男児です。カズキはハイハイで移動することは可能であると聞いてはいましたが，カズキが幼稚園生活のなかで，自分一人でハイハイして移動する姿を見ることはありませんでした。登園するとカズキは立位で保育者に後ろから支えてもらいながら移動します。そして保育者が，カズキが興味をもちそうだと思った場やカズキの表情や視線からカズキの思いを推し量りここがいいと思った場まで連れて行くと，カズキはその場に座ったままで周囲の状況や他の子どもたちの遊んでいる様子をじっと見て1日を過ごしていました。

たとえば2学期がはじまってまだ間もない頃，カズキは，同じクラスの女児が机の上で折り紙をちぎってお茶碗のなかに入れているところを興味深げに見つめていても，その場から動こうとはしませんでした。その女児が立ち去った後もカズキは残されたお茶碗を座ったまま凝視しています。そのようなカズキの様子に気づいた特別支援補助教員のマミ先生は，座っているカズキの目の前にそのお茶碗をおろしました。すると，カズキは表情をぱっと明るくして，ゆっくりと満面の笑みを浮かべました。そして，その女児がしていたように，ちぎられた折り紙をお茶碗のなかに根気よく入れ，そのお茶碗がいっぱいになると豪快にお茶碗をひっくり返し，またお茶碗のなかにちぎられた折り紙を入れるということを何回も繰り返していました。

➡1　本章に出てくる子どもの名前はすべて仮名です。

➡2　カズキに関わる事例は，科学研究費「研究活動スタート支援」（課題番号：21830133）の助成を受け，日本保育学会第64回大会（玉川大学，2011年開催）においてポスター発表「保育における特別支援教育――ダウン症児の生活への参加を広げる」で発表したものです。

それが２学期も半ばを過ぎた頃，カズキに自ら動き出す姿が見られるようになりました。

Episode 1 カズキの歯磨き（年長，11月）

お弁当を食べ終えた子どもたちが次々と歯磨きを始めるなか，カズキもお弁当を食べ終え，机に向かって座り，歯を磨いていました。そこへ特別支援補助教員のカホ先生がカズキに近寄り，うがいをするかどうかを尋ねます。するとカズキは首を横に振りました。そしてしばらく歯を磨くと，カズキは一人で自ら椅子をおりて，床に座り込んだのです。そこへカホ先生が戻ってきて，カズキが床に座っている姿を見つけて「カズくん，自分でおりたの」と笑いながら聞くと，カズキもうれしそうに頷きます。そしてカズキはカホ先生に支えられながら自分の足で歩いて洗面台まで行き，洗面台のふちで自分の身体を支えて立ち，口をすすごうとしますが，口に含んだ水を吐き出すことができず，ぶくぶくと頬を膨らませた後，飲み込んでしまいます。とその瞬間に，カズキは自分の姿勢を少し前かがみにして手元のコップから水を少しこぼします。そしてそれを何回か繰り返します。そのようなカズキの姿に，筆者はカホ先生と顔を見合わせ，「カズくん，こうやってぶくぶくしているんだ。すごいね」と感嘆しました。

Episode 1で，カズキはせっかく口をすすいだ水を口から吐き出すことができず飲み込んでしまい，その替わりに手に持っているコップの水をこぼしています。実際にはうがいはできていないにもかかわらず，なぜその場に居合わせた筆者とカホ先生はそれをすごいこととして感嘆したのでしょうか。

それはカズキが自らの意思のもと，自分にできることを考えてうがいをしているからではないでしょうか。いままで保育者に連れて行かれた場所から自ら動き出すことがなかったカズキが自分のタイミングで口をすすぎに行こうと自ら椅子をおりていることから，「やりたい」という意思をもって行動していることがわかります。そして，口をすすいだ水を飲み込むタイミングで自分の姿勢を少し前かがみにして手に持っているコップから水をこぼしていることから，カズキが自分なりに工夫して歯磨きをしようとしていることもわかります。こうしてカズキはみんなと全く同じようには活動できないかもしれませんが，それであきらめてしまうのではなく，自分なりに工夫して活動しようとしているのです。これは，カズキが主体的に園生活に参加しようとしているということなのではないでしょうか。

ここで注目すべきことは，保育者の側で，カズキがみんなと同じように活動できることを目指して，カズキに口をすすいだ水を吐き出す練習をさせることを優先させるのではなく，まずはカズキの「やりたい」思いに寄り添い，カズキなりの歯磨きを尊重し，歯磨きとして認めていることです。仮に園生活に参加するということを，みんなと同じことができるようになることであるとしか考えないのであれば，正しくうがいができるよう指導することになるでしょう。

いま世界では，障害のある・なしにかかわらず誰もが積極的に参加・貢献することができる「共生社会[3]」の形成が目指されています。障害者の権利に関する条約第24条では，教育において「自己の価値についての意識を十分に発達させ，並びに人権，基本的自由及び人間の多様性の尊重を強化すること」，「才能及び創造力並びに精神的及び身体的な能力をその可能な最大限度まで発達」，「障害者が自由な社会に効果的に参加することを可能とすること」を保障することが謳われています。これらのことを踏まえてあらためて「参加」について考えてみると，みんなと同じことができるようになることよりも，その人なりの経験や能力や考え方が尊重され，生かされることの方が大切なのではないでしょうか。共生社会の実現に向けて，多様な参加のありようが尊重され，認められることが重要であるといえるでしょう。

➡3　文部科学省では「共生社会」を「誰もが相互に人格と個性を尊重し支え合い，人々の多様な在り方を相互に認め合える全員参加型の社会」として位置づけ，共生社会の形成に向けて特別支援教育を着実に進めていく必要があることを指摘しています。

再び，Episode 1を振り返ってみましょう。共生社会の形成に向けて，特別支援教育を着実に進めていくことが求められていることを踏まえると，障害児保育において必要とされることは，カズキに正しいうがいの仕方を教えることなどではなく，カズキが自分なりに工夫して歯磨きをしていることを，カズキなりの参加として尊重し，認めることなのではないでしょうか。このような保育者の子どもへのかかわりは，カズキの意思をきちんと汲み取って大事にしているという点から，カズキを，意思をもつ一人の人間として扱っているといえるでしょう。

❷ 主体的な園生活への参加を支える

それでは，なぜカズキのなかに「やりたい」という意思が生まれたのでしょう。Episode 1で見られた「カズキなりの歯磨き」の背景には何があったのか，それ以前の出来事を次のEpisode 2で考えてみましょう。

Episode 2　カズキのザリガニ当番（年長，10月）

カズキのクラスの担任教員のキョウコ先生は，登園して保育室の床に一人で座っていたカズキを見て，「カズくん，どうしようか？」とつぶやきながらカズキを立位で後ろから支えて遊戯室の方向へと進んでいきます。その移動の途中でザリガニ当番の子どもたちがクラスで飼っているザリガニのお世話をしている様子を見つめているカズキの視線に気づくと，キョウコ先生はカズキをザリガニ当番の子どもたちがその仕事をしている机のところまで連れて行きます。カズキは机に体重を預けて身体を支えて立ち，当番の子どもたちの仕事ぶりをじっと見つめています。キョウコ先生はその間に椅子を持ってきてカズキを座らせました。カズキは椅子に座り，目の前の当番の子どもたちが仕事をする様子を見続けながら，時々そこから保育室の周囲の状況へ視線を移したりしますが，また視線を戻します。そして，その当番の仕事も終わりにさしかかった頃，ちょうどそこへ特別支援補助教員のマミ先生がやってきました。そしてザリガニ当番が仕事をしている様子を見つめるカズキを見て，カズキに向かって「カズくんもザリガニ当番を一緒に手伝ってくれたんだね。ありがとう」と声をかけました。

Work 1

カズキはザリガニ当番の子どもたちの仕事を見ながら，何を感じ，何を考えていたのでしょう。カズキになったつもりで考えてみましょう。

Work 2

マミ先生がカズキに「ありがとう」と言葉をかけた時，カズキはどのように思ったでしょう。また同じようにその言葉掛けを聞いたザリガニ当番の子どもたちはどのように思ったでしょう。なぜそう思ったのか，理由も含めて周りの人と話し合ってみましょう。

Work を通して，どのような意見が出たでしょうか。

それでは，あらためて Episode 2 について，一緒に考えていきましょう。カズキはマミ先生に「ありがとう」と言われた時，どのような表情をしていたのでしょうか。当時の記録を確認しましたが，カズキの表情や視線についての記述は残っていませんでした。けれども後日，マミ先生になぜ，当番の仕事を見ていただけのカズキに「カズくんもザリガニ当番を一緒に手伝ってくれたんだね。ありがとう」と言ったのか，その理由を聞いたところ，マミ先生は「ザリガニ当番の仕事をじっと見つめるカズキの視線が気になったから」と教えてくれました。

マミ先生は日頃から，自分の思いを言葉であまり表現しないカズキの思いを，カズキの視線の先にあるものを共に見ることで汲み取っています。たとえば，カズキが，同じクラスの女児が机の上で折り紙をちぎってお茶碗のなかに入れているところを興味深げに見つめていた時も，マミ先生はカズキの視線を追従することでカズキの思いを汲み取り，その思いに寄り添い，カズキが凝視していたお茶碗をカズキの目の前におろしています。するとカズキは満面の笑みを浮かべ，その女児がしていたようにお茶碗のなかにちぎられた折り紙を入れて遊びはじめました。

カズキがザリガニ当番の仕事をじっと見つめていた時も，マミ先生はカズキの視線を追従することで，カズキの見ている世界を共に見たのでしょう。こうしてマミ先生は自分の目の前にカズキの見ている世界が開けた瞬間，一見すると単に見ているだけに思われるカズキの行為が見ることに留まらない別の意味を帯びた行為として見えてきたのではないでしょうか。

カズキはザリガニ当番の子どもたちの仕事をじっと見つめながら，ザリガニ当番の子どもたちが，激しく動くザリガニの大きなハサミにはさまれないようにザリガニをつかもうとしてドキドキしたり，水槽を掃除しながら水槽から漂う独特のにおいを感じたり，ザリガニにえさをあげて「食べてくれるかな」と思ったりしていることをザリガニ当番の子どもたちと同じように感じていたのかもしれません。つまりカズキは見るという行為を通して，ザリガニ当番の子どもたちの仕事ぶりを共に味わっていたといえるのではないでしょうか。マミ先生はカズキと視線を共にしたことで，カズキと一緒にザリガニ当番の仕事を味わい，味わうということもカズキなりのザリガニ当番の活動への参加であると感じられ，「ありがとう」という感謝の言葉が思わずこぼれおちたのかもしれません。

けれども，実際にはカズキはザリガニ当番の仕事を何もしていません。それでもマミ先生がカズキの見るという行為をカズキなりの参加であると思えたのは，カズキの行為を「できる・できない」という観点だけで評価していないからです。これは Episode 1 のカホ先生も同じです。このように子どもが園生活を通して経験していることの意味を，保育者が丁寧に読み取ってかかわることで，子どもは自分の存在意義を実感して自己肯定感が育まれ，「あれをやりたい」，「これをやりたい」という思いが芽生えるのではないでしょうか。そしてそれが主体的な行動へとつながっていくのではないかと思われます。

Episode 1でカズキが自分なりに工夫して歯磨きをしていたことも，子どもが見ているものを共に見て，子どもの思いに寄り添う保育者のかかわりの積み重ねを背景として生まれたカズキなりの主体的な園生活への参加と理解することができるのではないでしょうか。保育者が子どもの行為を客観的に「できる・できない」という二者択一で評価する限り，子ども自身，「できる」ということにしか価値を見出せなくなり，「できない」という結果ばかりに気を取られ，主体性をもって自分なりに工夫して活動しようという気持ちにはなれないと思われます。

さらに，カズキの見るという行為をカズキなりの参加として尊重する保育者の姿勢にクラスの子どもたちが触れることは，クラスの子どもたちに，直接知覚できる「できる・できない」という観点からの評価を越えた新たな見方を提供する機会にもなっています。このような機会は，子どもたちが人間の多様性を尊重することを学ぶことにつながっていくのではないでしょうか。

2 インクルーシブなクラスづくり

保育者が子どもと視線を共にして，子どもが園生活を通して経験していることの意味を丁寧に読み取ってかかわることが，障害のある子どもが園生活に主体性をもって積極的に参加するために重要であることが見えてきました。それでは，「子どもなりの参加」を保障したうえで，障害のある・なしに関係なく，あらゆる子どもが「自分らしさ」を生かして参加・貢献を果たすことができるクラスづくりには，何が大切になってくるのでしょうか。

❶「ケアする」主体としての子ども

これから紹介するのは筆者が観察を継続していたB幼稚園でのエピソード[4]です。B幼稚園はクラス数3つのこぢんまりとした幼稚園です。そして，それぞれのクラスは3歳から5歳の異年齢の子ども

➡4　科学研究費「基盤研究（C）」「多世代・多様な人々のインクルーシブな居場所づくりから次世代育成支援の可能性を探る」（課題番号：24616017）の助成を受け，日本保育学会第65回大会（東京家政大学，2012年開催）においてポスター発表「幼稚園を活用した子育て支援の可能性——多世代・多様な人々の居場所づくりを通して」で発表したものです。

たちで構成され，発達障害のある子どもも在籍しています。そのようなクラスの4月の集まりでの一コマです。

Episode 3　年少女児の寂しさに寄り添う

年少女児のサヤカはクラスの集まりの時間になると，いつも寂しくなってしまい，担任の先生の隣に座っていました。ところが，昨日の散歩の時にサヤカは年長男児のタイチと手をつないで歩いたことがとても楽しかったのか，今日の集まりではタイチの隣に座ることで寂しくならずに集まりに参加することができました。そして，その日は幼稚園の絵本を借りて帰ることができる日であったので，絵本の部屋に自分の借りたい絵本を探しに行く時も，サヤカが一人で行くのを嫌がり，駄々をこねはじめると，タイチが絶妙なタイミングでサヤカの手をとり，絵本の部屋まで一緒に行ってくれたことで，サヤカは自分で好きな絵本を選んでニコニコしながら保育室に戻ってきました。担任の先生はサヤカが寂しくならずに集まりに参加できたことをクラスの子どもたちに伝えてから，「みんなも寂しくなったらいつでも私の隣に来てもいいからね。年長さんでも年少さんのために我慢しなければいけないかなと思って我慢しなくてもいいんだよ。私のお膝の上でもいいよ」と言葉をつけ加えました。

幼稚園に入園して間もないこともあり，まだどうしても寂しくなってしまうサヤカに，タイチは寄り添い，見事にかかわっています。さすが年長児の貫禄を感じます。けれども，タイチは発達障害児でもあります。

保育の場において子ども同士が育ち合うというと，健常児が障害児を，あるいは年長児が年中少児をお世話するという構図を描くことが多くあります。実際，健常児が障害児をお世話すると，「障害児を受け入れたことで，健常児がやさしくなった」と園長先生が喜んでいるところを何回も目にしたことがあります。このような構図が起こることこそが障害児保育の，あるいは異年齢保育の教育の効果であると考えられるからでしょう。

しかし，サヤカに絶妙にかかわるタイチに注目すると，どうやら障害のある子どもは，お世話されるだけの存在とはいえないようです。B幼稚園の園生活のなかで，次のようなエピソードもありました。3月の「自由遊び」の場面での出来事です。

Episode 4　年長男児の発見を年少女児が受け止める

年長男児のマサトは自分の思いを言葉で表現することが苦手です。マサトが自分の思いを言葉にするまでに多くの時間を要する時でも，担任の先生は時間を惜しまず，丁寧に待ち，マサトにかかわってきました。
そのようなマサトが写真入れをつくっていた時のことです。マサトは，飾りのボタンを貼るために使用した白色のボンドが乾くと透明になっていることに気がついたのです。すると，マサトは自分の大発見を担任の先生に伝えようと思ったのか，そのつくりかけの写真入れを手に保育室を出て，教員室を覗いたり，廊下できょろきょろとしたりして，担任の先生の姿を探している様子です。そこへ同じクラスの年少女児のユイが通りかかりました。そしてそのようなマサトの様子にすかさず，「マサト，何？」と声をかけます。すると，マサトはうれしそうに透明になったボンドを見せながら，白い色が透明に変わったという自分の発見をユイに知らせます。そしてユイに聞いてもらったからなのか，それ以上，担任の先生の姿を探すことなく，満足したような様子で保育室へと戻り，写真入れづくりの続きを始めました。

Episode 4において，マサトはユイに自分の話を聞いてもらうと満足した様子で写真入れづくりに戻っていることから，ユイは，自分の思いを言葉で表現することが苦手なマサトの思いを見事に受け止めているといえるでしょう。このユイのマサトへのかかわりに感嘆した筆者は，すぐさまこの出来事をB幼稚園の主任教員に報告しました。すると，主任教員は「日ごろから保育者が時間を惜しまず丁寧にマサトの思いを汲み取ろうとしている姿を見ているからでしょう」と話してくれました。ユイが年少児であることを考えると，ここでも先ほどの年少の子どもはお世話される存在であるという構図はあてはまりません。それどころか，年少の子どもであっても，生活を共にする年長児の誰かを探している様子に気づき，声をかけ，その結果年長児の思いを受け止めていることから，単にお世話することを越え，年長児をケアしているといえるのではないでしょうか。

佐伯らは，保育とは「子どもがケアする世界をケアする」ことであるとしています[5]。つまり，子どもはケアされるだけの存在ではなく，子ども自身も周囲の人やものなどをケアする存在であり，子どもがケアしている世界ごと，子どもをケアすることが保育であるとしているのです。さらに「ケアする」ということを「お世話する，注意を向ける，配慮する」という通常の意味に留めず，周囲の人やものなどにかかわりながらその対象のよさを引き出し，よりよくしようとしてかかわることが「ケアする」ということであり，対象をケアすることで自分自身もケアする前の自分と比較するとよくなっているとして，「ケアする」ということの意味を発展させています。そして，ここで重要となってくるのは，対象のよさを引き出し，よりよくしようとしてかかわるためには，ケアする対象の「訴えを聴

5　佐伯胖（編著）『「子どもがケアする世界」をケアする――保育における「二人称的アプローチ」入門』ミネルヴァ書房，2017年。

き，応える」ことが必要であるということです。ここでいう「訴え」とは，「ほしい，ほしくない」，「好き，嫌い」といった欲求ではなく，対象自身が必ずしも意識し，言葉に表現するとは限らない，「よくありたい」と願う「心の声」であるといいます。

Episode 3のタイチのサヤカへのかかわりも，Episode 4のユイのマサトへのかかわりも，かかわる相手の言葉には表現されない意図や思いや願いに聴き入り，応えていることから，タイチはサヤカを，ユイはマサトをケアしているといえるでしょう。このようにB幼稚園では，障害のある子どもや年少の子どもが，障害の有無や年齢区分によってお世話される存在として固定化されることなく，「ケアする」主体として園生活に参加・貢献しています。

このように障害の有無や年齢区分に関係なく，あらゆる子どもが「ケアする」主体として園生活に参加・貢献を果たせるということには，どのような意味があるのでしょうか。インクルーシブなクラスづくりのという観点から考えてみましょう。

インクルージョン（inclusion）とは，「包摂，包含」という意味で，「排除，排斥」という意味をもつエクスクルージョン（exclusion）とは対立する概念です。したがって，インクルーシブなクラスであるためには，障害のある子どもが，障害があることによって排除されることなく，包摂されていることが大切になります。さらに，障害のある・なしにかかわらず，誰もが多様な在り方を相互に認め合える全員参加型の「共生社会」の形成に，特別支援教育が大きく寄与できる（前掲➡3参照）ことを考えると，クラスへの参加が保障されることはもちろんのこと，参加の在り方として，一人一人の経験や能力や考え方が尊重され，生かされることで貢献するということも重要な点であるといえるでしょう。

したがって，障害の有無や年齢区分に関係なく，あらゆる子どもがケアする主体として園生活に参加・貢献を果たしているということは，インクルーシブなクラスづくりが実現しているということを意味しているといえるのではないでしょうか。

❷「ねばならない」という呪縛からの解放

それでは，なぜB幼稚園では，健常児が障害児を，あるいは年長児が年中少児をお世話するというよくある構図を脱却し，障害のある子どもや年少の子どもが「ケアする」主体として園生活を送ることが可能となったのでしょうか。いったい，インクルーシブなクラスづくりが果たされるか否かの境目は何なのでしょうか。再び，Episode 3を丁寧に振り返ってみましょう。

サヤカとタイチの担任の先生は，サヤカが寂しくならずに集まりに参加できたということを，クラスの子どもたちと共有する際，「年長だからという理由で我慢しなくてもいい」と子どもたちに伝えています。これはクラスの子どもたちに「年長だから我慢しなければならない」という年齢区分による「あるべき姿」を求めていないということです。つまり，B幼稚園の担任の先生は「○○障がいのある子ども」，「○歳児」というように障害名や年齢の枠組みにとらわれて保育することなく，目の前の子どもそのものを見て，保育しているといえるのではないでしょうか。

サヤカを「3歳児」としてではなく「サヤカ」として，そしてタイチを「発達障害児」としてではなく「タイチ」として，個人名のついた，かけがえのない一人の人間として見ることで，子ども自身の「よくありたい」と願う心の声に聴き入ることが可能となり，その心の声に思わず応えていたのではないでしょうか。つまり，担任の先生は，サヤカやタイチをケアしていたのです。このような担任の先生の子どもへのまなざしが，子どもたちにも伝播し，障害の有無や年齢区分にかかわらず，子どもたちが「ケアする」主体として園生活に参加・貢献することが果たされているのだと思われます。

保育者は，目の前に確かにいる子どもそのもののありのままの姿を見失ってしまうと，障害の特性や年齢区分による発達段階を基準として保育を行っていくしかなくなります。これは保育者にとっても子どもにとっても，とても苦しい保育となることでしょう。なぜなら，あらかじめ基準に従って「あるべき姿」が決められてしまうからです。すると，保育者も子どももその「あるべき姿」の実現を果たすために，「○○せねばならない」行為に縛られてしまいます。つまり「ねばならない」という呪縛にとらわれながら日々の園生活を送っていくしかなくなり，その都度的に子どもの心の声に聴き入り，柔軟に即応する，つまりケアすることができない状態に陥ってしまうのです。

このような状態を佐伯の「ドーナツ論」では，「むきだしのTHEY（bare-directive THEY）」にさらされている状態といいます。[6]

6　前掲書 5

そもそも「ドーナツ論」とは，人が学んだり，発達したりした結果として，世界とどのようにかかわりを深めていくのかを提唱した理論です。すなわち，I（自己）が世界とかかわりをもつようになるには，YOU（親密な他者――人だけではなく，ものや道具なども含む）との応答的な交流（心の声に聴き入り，応える）が必要であり，YOU（親密な他者）との応答的な交流（心の声に聴き入り，応える）を媒介することで，THEY（外界の世界）とのかかわりをもつことが可能になるという理論です。

この「ドーナツ論」における「応答的な交流」とは，その意味が「心の声に聴き入り，応える」ということから，みなさんももう推察されていると思いますが，「ケアする」ということです。要するに，I（自己）が学んだり，発達したりした結果として，周囲の世界とかかわりを深めるようになるためには，YOU（親密な他者）による「ケアする」という行為が不可欠であるということです。したがって，YOU（親密な他者）による「ケアする」という行為を媒介とすることなく外界の世界に投げ出されてしまうと，「むきだしのTHEY（bare-directive THEY）」にさらされることになります。

「むきだしのTHEY（bare-directive THEY）」に投げ出されてしまうと，そこで出会う世の中の規範や要請は，YOU（親密な他者）による「ケアする」という行為を経ていないため，「べきである」・「ねばならない」ものとして指示的・指令的に提示されることになり，I（自己）は，提示された規範や要請の意味することについて，何ら吟味したり，味わったりすることなく，単にそれに従うことで世界とつながっていくしかなくなってしまいます。

まさに，この「むきだしのTHEY（bare-directive THEY）」にさらされている状態が，保育者が目の前にいる子どもそのもののありのままの姿を見失ってしまうことにより，YOU（親密な他者）の役割を果たすことができないまま，障害の特性や年齢区分による発達段階を基準として保育を行っていくしかない状態そのものであるといえます。

それに対して，YOU（親密な他者）による「ケアする」という行為を媒介として出会うTHEY（外界の世界）を「同伴的THEY（partner-like THEY）」と呼び，そこでの活動や実践は，I（自己）にとって，その意義を納得し，じっくりと味わうことができます。

B幼稚園では，担任の先生が障害の特性や年齢区分による発達段階によって子どもを捉えてかかわるのではなく，一人一人の子どもをかけがえのない一人の人間として理解し，かかわっています。こうして担任の先生は子どもたちをケアすることでYOU（親密な他者）の役割を果たし，子どもたちが「同伴的THEY（partner-like THEY)」とかかわりを深めることを可能にしているといえるでしょう。したがって，B幼稚園の子どもたちは，園生活を送るなかでの自分たちの活動や実践を，保育者から指示的，指令的に提示されて，その意味もわからないまま，ねばならないものとして行っているわけではないのです。自分たちで思考を働かせて吟味した上で，その意義を納得し，じっくりと味わって活動，実践しているといえるでしょう。

ここでインクルーシブなクラスづくりへと橋を渡すものについて考えてみると，それは，保育者が子どもをケアするということなのではないでしょうか。インクルーシブ保育の実現を目指して，保育者はまず，自分を「ねばならない」という呪縛から解き放ち，子どもを一人の人間として見ることからはじめてみましょう。

Book Guide 

・佐伯胖（編著）『「子どもがケアする世界」をケアする――保育における「二人称的アプローチ」入門』ミネルヴァ書房，2017年。
子どもがケアする世界，及び「子どもがケアする世界」をケアするということについて，豊富な実践事例から具体的に説明することで保育の神髄を描き出しています。この神髄は障害児保育においても何ら変わることはありません。

・赤木和重・佐藤比呂二『ホントのねがいをつかむ――自閉症児を育む教育実践』全国障害者問題研究会出版部，2009年。
パニックになり自傷行為をしながらも「パニックにならない自分になりたい」という自閉症児のホントのねがいに聴き入り，応える特別支援学校の担任教諭の実践記録が載せられています。自閉症児がホントのねがいを叶えていくことで，自ら変わっていく，成長していく姿が丁寧に描かれており，自閉症児の理解と援助に新たな視点を提供してくれます。

Exercise

1. 保育者が子どもを「できる・できない」という観点から評価して保育を実践することで，子どもの育ちにどのような影響が及ぶのか，考えてみましょう。
2. 共生社会（誰もが相互に人格と個性を尊重し支え合い，人々の多様な在り方を相互に認め合える全員参加型の社会）を実現することのできる人材を育成するために，乳幼児期に必要な経験について，自由に意見を出し合い，話し合ってみましょう。

第4章

障害のある子どもと共に学びを創造する

この小さな足が物語っていることは何でしょう？

足しか写っていませんが，上へ上へと向かっていく，この小さな足から，よっぽど，自分の手でつかみ取りたい何かが，子どもの目指す先にあることが伝わってきます。それがたとえ私たち大人にとっては，さほど価値があるものではなかったとしても，子どもにとってはそれほど魅力のあるものなのでしょう。

このように夢中になって一生懸命にやりたいことを見つけて，それをやり遂げようとする子どもの姿を目にすると，思わず「がんばれ！」と応援したくなります。たとえそれが，叱って制止しなければならないようなことであったとしても，子どものやってみたかった気持ちに思いを馳せると，叱るより前に，まずは「それはやりたかったよね」と共感し，子どものその意思に感嘆させられます。なぜでしょう。それは子どもが，これから自分が生きていく周囲の世界をわかろう，わかろうとして，試行錯誤しながら探求しているからではないでしょうか。まさに，こうして子どもは学びを創造していくのでしょう。

自らわかろうとして探求することで生まれる学びを，ぜひ障害のある子どもにも保障したいものです。果たして，障害のある子どもが主体的に周囲の世界とのかかわりを通して学びを創造することは可能なのでしょうか。障害児保育として考えていきたい問題です。

1 「学び」を問い直す

❶ ある小学校の卒業式

いまから紹介するのは，ある小学校の卒業式のエピソード[1]です。その小学校には特別支援学級があります。自閉スペクトラム症と診断を受けている小学6年生のアツシ[2]は，日頃の生活や授業のほとんどの時間を特別支援学級で過ごしていますが，行事や式などの時には普通学級に属して，その学級の子どもたちと共に過ごしていました。

➡1　本事例は，日本保育学会第68回大会（椙山女子大学，2015年開催）において自主シンポジウム「子どもがケアする世界をケアする――二人称的/三人称的かかわり」において筆者の連名発表者である林浩子さんが話題提供したものです。

Episode 1　アツシの卒業式

卒業式が近づいてくると，アツシは普通学級に入って卒業式の練習に加わりました。ところが，卒業生の入場・退場の場面になると，アツシはどうしても前後の人との間隔を一定に保って歩くことができません。そこで特別支援学級のアツシの担任の先生は，アツシと自分とを紐で結び，その紐をたるませずにピンと張った状態を保ちながら歩くという練習を繰り返しました。紐でつながれて歩く練習をするアツシの姿を普通学級の子どもたちも見ていました。

いよいよ卒業式当日，練習の甲斐があって，アツシは前や後ろの人との間を適切な距離を保ったまま入退場することができました。そのようなアツシの姿を，担任の先生や校長先生はもちろんのこと，保護者や教育委員会の来賓も「みんなと同じことができるまで成長した」と喜びました。

みなさんはEpisode 1の卒業式の話を聞き，何を感じ，何を思ったでしょう。アツシが学級の子どもたちと同じことができるようになって，立派に卒業式に参列することができてよかったと思われたでしょうか。それともアツシが紐で結ばれ，その紐をたるませずにピンと張った状態を保ちながら歩く練習をさせられたことに「何か，おかしい」，「何か，違う」という違和感をもったでしょうか。

確かにアツシは練習の甲斐あって，前後の人と一定の距離を保って歩くことができるようになりました。けれども，たとえ教師がどのような手段を講じたとしても，子どもが「できる」ようにさえな

➡2　本章に出てくる子どもの名前はすべて仮名です。

れば，それで子どもは成長したといえるのでしょうか。

❷「能力の向上」から「存在の肯定」へ

苅宿は「行動主義学習観」，「認知主義学習観」，「社会構成主義学習観」という３つの学習観を挙げ，前者２つは，いままでの学校教育の現場で重視されてきた学習観であり，社会構成主義学習観は，これからの社会において，社会を築いたり，社会に参加・貢献したりするために，必要となる学習観であることを指摘し，学校教育においても社会構成主義学習観に基づく学習を取り入れることの有意味性を指摘しています[3]。

➡3　苅宿俊文・佐伯胖・高木光太郎（編）『まなびを学ぶ（ワークショップと学び１）』東京大学出版会，2012年，pp. 69-116。

行動主義学習観とは，何度も繰り返し反復練習することで知識や技能を身につける，すなわち「できる」ようになることが学習であると考える学習観であるといいます。これに対して，認知主義学習観とは，できるだけではなく，理解していなければ学習したとはいえないと考え，理解を通して知識を獲得すること，すなわち「わかる」ようになることが学習であるとした学習観です。どちらも学習の目的は「知識の獲得」ということになります。

このように前者の２つの学習観が個体内に知識を獲得することを目指した，「できる」，「わかる」という学習観であるのに対し，社会構成主義学習観は，共同体に参加していることで生まれる学習を対象にした，他者と知識を「分かち合う」学習観であるといいます。具体的には，協働的な活動の過程や成果において，意味が生成されていることを学習と捉え，この意味が生成されている状況や過程が，まさに他者と知識を分かち合っている状態であるといいます。

したがって，社会構成主義学習観における学習とは，学習者が自ら協働的な活動そのものや活動の結果に意義や価値を見出している状態を指し，見出された意義や価値は，ひとりよがりのものではなく，協働的な活動の参加者間で納得し，共有できるものであるといえるでしょう。

それではここで Episode 1 のアツシの卒業式を振り返ってみましょう。アツシは練習の甲斐があって「みんなと同じことができるまでに成長した」と保護者や学校関係者に喜ばれました。けれども，その成長の実態は，アツシは自分の身体を紐で結ばれ，その紐をピンと張った状態で歩くことを何度も繰り返し練習した結果であることから，行動主義学習観における学習が成立したということでしょう。したがって，アツシ自身がみんなと一緒に卒業式に参列するということに意義や価値を見出し，自分の成長に喜びやうれしさを感じているわけではないでしょう。

ここで私たちが考えなければならないことは，障害のある子どもたちにどのような学びを保障することができるのかということです。障害があるからという理由で「できる」ようになることだけを目指し，反復練習を繰り返す日々を計画，実施するだけでよいのでしょうか。障害のある子どもにも，人間として「よくありたい」，「よく生きたい」という心からの願いはあるはずです。だからこそ，障害のある子どもたち自身が意義や価値を見出すことができる学びを保障していく義務が私たちにはあるのではないでしょうか。

いま実施されている特別支援教育について，赤木は「能力向上教育」，「計画通り教育」という特徴があることを指摘し，特別支援教育が障害のある子どもにとって，真に意味をもって生きることにつながる教育となるために，「能力の向上」から脱却し，「存在の肯定」に重点をおいた新たな特別支援教育への展開を提言しています[4]。つまり，障害のある子どもの「できなささ」に注目し，できないことをリストアップした上で，それらをできるようにするための計画を立て，計画通りに実行する教育から，障害のある子どもの「できなささ」も含めた「ありのまま」を尊重する教育へ，特別支援教育に対する考え方を転換することの必要性を主張しているのです。

それでは，次節から，能力の向上を脱却し，存在の肯定に重点をおいた学びの実現可能性について，障害児保育に焦点をあてて考えてみましょう。

4　赤木和重（編著）『ユーモア的即興から生まれる表現の創発——発達障害・新喜劇・ノリツッコミ』クリエイツかもがわ，2019年，pp. 159-186。

2　障害のある子どもと共に学びを創造することは可能か

❶「私だけのよさ」から「私たちのよさ」へ

これから紹介するのは，筆者が見学に訪れたＣ保育園でのエピソード[5]です。

5　本書掲載にあたり，Ｃ保育園の園長先生に許可をいただいております。

⮕6　手術の後など，食事がとれない時の総合栄養剤。腸から直接吸収できることから，専門的に「経腸栄養剤」と呼ばれています。タンパク質，脂質，糖質，ビタミン，ミネラルなど，必要な栄養分がバランスよく配合されています。

2歳児で入園したアリサは良性リンパ管腫で気管切開の手術を受けており，入園した当初，食事は自宅からカップケーキとラコール[⮕6]を持参していました。顎部分にコブがあったため，子どもたちはアリサと初めて出会った時，「なんでそんな顔しているの」，「変な顔」と言ったりしました。そのような子どもたちの言葉に園長先生は「アリサちゃんって言うんだ。よろしくね」としか言えませんでした。なかには一週間，アリサの顔をじっと見つめ続ける子どももいました。けれども，アリサには別段，それを気にする様子は見られませんでした。アリサは，家庭で痰吸引の処置以外は普通の生活を送ってきており，両親に小さい頃からいろいろな場所に連れて行ってもらっていました。そのたびに世間の人々から自分の顔を見られることもあって慣れていたのでしょう。アリサは家族に自分のありのままを受け止めてもらい，愛情をいっぱい注がれて育ってきたためか，自己肯定感の高い子どもでした。

アリサのはじめての園生活は，看護師と一対一で遊ぶことがほとんどの日々でした。それまでアリサは家庭で両親と生活を送っていたこともあり，自分の思いがなかなかスムーズに伝わらないことも，葛藤場面に遭遇することもあまりなかったのでしょう。けれども保育園に入園し，家族以外のたくさんの人たちとの新しい生活がはじまると，自分の思う通りにならないことも起こります。また入園したばかりの頃は，器具をつけていたことでアリサの発する言葉は聞き取りにくく，アリサは自分の思いが伝わらないもどかしさを抱えていました。このような状況もあり，アリサは自分の思う通りにならないことが起こるたびに，着ている洋服を脱ぎ捨て，つけている器具を取って，泣き叫んでいました。泣くと痰がつまってしまうため，看護師もできるだけアリサが泣かないようにかかわっていました。

そしてアリサが徐々に園生活に慣れてきた頃，職員間で話し合い，アリサと看護師との一対一の生活から，アリサが他の子どもたちとかかわる機会や場もあえてつくっていくことになりました。アリサはままごとが大好きで，よく友達がままごとをしている傍らで平行してままごとをしていました。平行遊びをしながら友達が使っているおもちゃでも取ってしまいます。すると，友達は「アリサちゃんだって許さない」とそのおもちゃを取り返します。アリサはほしかったおもちゃを手に入れることができず泣き叫びます。そして口ゲンカになり，アリサはひっくり返って怒ります。こうなると，周りで誰が何を言ってもアリサは聞く耳をもたなくなってしまうため，そのたびに保育者は，アリサが落ち着くまで待って，落ち着いた頃，「ほしかったんだね」とアリサに声を掛けていました。

アリサが園生活を送るにあたって，障害があることから，たとえば「転んではいけない」，「泥水に入ってはいけない」など，いろいろな制約がありました。そのような状況のなかで，保育者間ではアリサの参加への意欲を保障するという一致した見解のもと，参加する気満々のアリサの顔を見るにつけ，プールや遠足は看護師が同行できる日にスケジュールを組むなど配慮して，アリサが一緒に参加できる環境を整えてきました。

こうして，3歳になる頃には，アリサはままごとをして友達と一緒にごちそうをつくり，楽しそうな様子を見せるようになりました。ある時，アリサと鬼ごっこをしていた友達が，アリサが早く走れないということに気づき，どうしたらアリサも一緒に楽しく鬼ごっこができるかを考え，自分たちの走るペースを工夫するという出来事もありました。5歳になると，アリサには大好きな一つ年下の男児の友達もできました。自分の支度も終わっていないのに，その男児の支度をしてあげたことがきっかけとなり，2人はいつも一緒に遊ぶようになったのです。

アリサは保育園に入園することで両親以外のさまざまな人と出会いました。そして，保育者には丁寧に時間を惜しまずに自分の心の声に聴き入り，応えてもらってきました。友達とは全身で自分の思いを振り絞って本気でぶつかり合ったり，楽しく遊んだりしながら，互いに互いを思い遣る関係も築かれていきました。これから紹介するのは，このような日々を積み重ね，もう間もなくアリサが卒園を迎えるという頃の出来事です。

Episode 2　みんなと一緒がいい！

入園した当初はアリサの食事は自宅から持参したカップケーキとラコールだけでした。それが突然，両親の目の前で「食べたかったんだもん」とポテトを食べ，両親を驚かせたことがありました。この一件以来，固形物も食べられるということがわかり，園の給食もおかゆから軟飯に移行し，5歳のはじめの頃には唐揚げも食べられるようになりました。けれども，アリサは嫌いな野菜は食べません。そんなアリサに友達は「野菜を食べないのはずるい」，「好きなものだけおかわりするのはずるいでしょう」と言います。するとアリサは「アリサだって食べられるからね」と無理して食べようとしはじめました。最初は野菜のペースト状のものをなめる程度で残す量の方が多かったのですが，アリサにとってはそれで自信がついたようでした。その後もアリサの挑戦は続き，徐々に食べられるようになり，半年ほど経った頃には完了食が食べられるようになりました。ちょうどその頃，アリサは「みんなと一緒がいい」，「みんなと一緒に給食のバイキングの列に並びたい」，「みんなと同じように『どのくらい食べられますか』と聞いてもらい，みんなと同じようによそってもらいたい」と言うようになったのです。そして，アリサの思いは，卒園する頃には見事，果たされたのでした。

こうしてアリサは園生活を送るにあたって「自分にできないことは何もない」と思えるようになりました。そしてそれは，アリサのみならず，クラスの子どもたち，保育者，保護者，アリサにかかわるすべての人が思えたことでした。「アリサにできないことは何もない」と。

入園当初，自分の思う通りにならないと気が済まなかったアリサが，「嫌いな野菜は食べたくない」，「好きなものだけを食べたい」という「自分の思う通りにすること」をみんなから「ずるい」と指摘されると，「アリサだって食べられるからね」と嫌いな野菜を食べることに挑戦しはじめます。アリサは自分で「ずるいことはしたくない」と思ったのでしょう。それではなぜアリサは「自分の思う通りにする」ことを捨て，「ずるいことはしない」ことを選択したのでしょう。

アリサには障害があることから，いろいろな制約がありました。このような制約があることで，アリサの園生活への参加を制限せざるを得ない状況が起こった時でも，保育者は，アリサが自分も参加する気持ち満々に楽しみしている様子を目にすると，どうしても制限することができず，どうすれば他の子どもたちと一緒にアリサも参加することができるのかを考え，心を砕きました。また，子どもたちも「アリサちゃんだって許さない」とアリサと大ゲンカをして本気でぶつかり合ったり，アリサと一緒に遊ぶなかで，早く走ることができないアリサも遊びに楽しく参加するためにどうすればよいか，一生懸命に考えたりしました。そしてアリサにも大好きな友達ができたことで，アリサにとって慮らずにいられない，かけがえのない対象が存在することになりました。

このように振り返ってみると，C保育園の保育者や子どもたちは，ありのままのアリサの存在を肯定してかかわっているといえるでしょう。アリサには障害があるからという理由で，アリサと共に園生活を送っていくことを諦めてしまうのではなく，アリサがありのままで園生活におけるさまざまな活動に参加していくには，どうすればよいのかをみんなが真剣に考えたのです。こうして保育者や子どもたちはアリサの「やりたい」という必ずしも言葉に表現されるとは限らない心からの訴えに聴き入り，応えていることから，アリサはケアされているといえるでしょう。一方，アリサも慮らずにいられない，かけがえのない大好きな友達ができたことから，ケアする主体として園生活を送っているとも考えられます。

このように，アリサはケアし，ケアされる関係性を背負って，共に園生活を送っていくうち，「自分の思う通りにする」という自分だけのよさの基準を捨て，共に生きるメンバー間で共有可能なよさの基準を選択しないではいられなくなったのではないでしょうか。つまり，アリサは共に生きるメンバーが「どう思うか」，「どう考えるか」など，メンバーのことも慮り，メンバーにとってのよさの判断基準についても考慮せざるを得なくなったのだと思われます。そのため，アリサにとってのよさの判断基準が，「私だけのよさ」から「私たちのよさ」へと変化したと考えられるのです。

また，アリサがケアし，ケアされる関係性のなかで保育者やクラスの子どもたちとの応答的な交流を経てかかわっている世界は，「同伴的 THEY（partner-like THEY）」[7]であるといえるでしょう。したがって，「自分の思う通りにする」ことを捨て，「ずるいことはしない」ことを選択し，嫌いな野菜を食べることに挑戦したアリサの実践は，アリサ自身も含め，メンバー全員が「いいね！」と感動を伴って思えるものです。アリサは，「嫌いな野菜を食べる」ことを，クラスのルールとして，あるいは，保育者の要請によって，指示的・指令的に提示されたから，何の思考も働かせることなく，ただただそれに従っているわけではないのです。このように「嫌いな野菜を食べられるようになる」道筋は，「同伴的 THEY（partner-like THEY）」とかかわりをもつのか，「むきだしの THEY（bare-directive THEY）」にさらされてしまうのかによって，大きな違いが生まれます。

➡7　本書第３章を参照してください。

どちらも嫌いな野菜を食べることが「できる」ようになったという結果は同じでも，「むきだしの THEY（bare-directive THEY）」にさらされて「できる」ようになるということは，行動主義学習観による学習が成立するということで，子どもはただ「できる」ように変化するだけです。けれども，もう一方の「同伴的 THEY（partner-like THEY)」とかかわりをもちながら「できる」ようになるということは，社会構成主義学習観による学習が成立するということで，子ども自身が「できる」ようになることに意義や価値を見出すことで，喜びやうれしさを伴って自身の成長を実感することができるのではないでしょうか。

「みんなと一緒がいい！」というアリサの願いは，アリサの「人間として扱ってもらいたい」，「人間としてよくありたい」と願う「心の声」であり，「訴え」であり，「私たちのよさ」の追究であるといえるでしょう。「心の声」に聴き入り，応えるという応答的な交流を経て学びを創造することを目指して，まずは保育者が子どもを障害のある・なしにかかわらず，「人間としてよくあろうとしている存在である」と信じることが肝要であると思われます。

❷ ある幼稚園の卒園式[8]

[8] 本事例は，本章の冒頭で紹介した「ある小学校の卒業式」と同様，日本保育学会第68回大会（椙山女子大学，2015年開催）において自主シンポジウム「子どもがケアする世界をケアする——二人称的／三人称的かかわり」において，筆者が話題提供したものです。

ここで紹介するのは，以前，勤務していた幼稚園での筆者（以後，自らの実践を紹介することから「筆者」を「私」と表記する）の実践事例です。2年保育で入園したレイ（4歳男児）は，入園した当初，園庭で一人しゃがんで園庭の砂利を両手ですくってはこぼすことを延々と繰り返していました。またクラスに集まる時間になり，保育者に促されると，レイは保育室には戻ってくるものの，クラスの活動には参加することなく，保育室内をふらふらと歩き回り，保育者が言葉をかけてもそれに反応することはありませんでした。また，クラスの活動の内容も理解していないようでした。そのようなレイの姿から，保育者間で，レイには自閉スペクトラム症の傾向があり，特別な配慮を必要とするという一致した見解をもち，園全体をサポートするという役割を担っていた私がレイを中心としながらレイが在籍するクラスの担任保育者とも連携をとりながら，そのクラスに入ることになりました。

私は，レイが園庭にしゃがんで両手で砂をすくってはこぼすことを繰り返すことには，「自分が砂に働きかけると，砂に何かしらの動きが生まれる」という「砂の世界の不思議」にレイは関心を示し，自分の働きかけに応じて生じる砂の動きに注目しながら「砂の世界」を探究している，という意味があるのではないかと気づきました。この同じことを繰り返すレイの行為を自閉スペクトラム症の障害の特性と捉えるだけであったら，レイの探究する「モノの世界」には到底，辿り着くことはできなかったでしょう。

私は，レイの「モノの世界」への探究を傍らでじっと見つめるうち，「レイと同じように見てみたい，同じように感じてみたい」と思うようになり，思わず自分も砂をすくってはこぼし，すくってはこぼし，自分の感覚を研ぎ澄ませました。こうして私はレイを模倣することで，レイと共に砂の動きを生み出し，「モノの世界」の探究をはじめていたのです。すると，レイはそれまでは自分一人で行っていた「モノの世界」の探究を私と共にすることを求め，私の後をついて回り，レイ自ら，私の「モノの世界」の探究を模倣するようになったのです。

さらに，レイは「モノの世界」への探究を共にする相手を「私」から「クラスの子どもたち」へと広げ，クラスの子どもたちと「モノの世界」の探究を共にするために，クラスの子どもたちの動きを模倣して，クラスの活動に参加するということもありました。そして，三学期も半ばを過ぎた頃には，クラスの友達と万華鏡を一緒に覗き，万華鏡を通して見える世界を「きれいだ」と共有して，「モノの世界」の探究だけではなく，共感によって「きれいである」と思う内面世界も共にするようになっていました。[9]

これから紹介するのは，レイがこのような２年間の幼稚園生活を経て，いよいよ，卒園の時を迎えた時の出来事です。

9　ここまでのレイの周囲の人々との関係構築のプロセスについては，佐伯胖（編著）『共感――育ち合う保育のなかで』ミネルヴァ書房，2007年，pp. 74-108を参照してください。

Episode 3　レイの卒園式（年長時３月17日）

３学期も終業に近づき，卒園式を前にして一人一人，舞台にあがり修了証書を受け取る練習がはじまりました。クラスの子どもたちが同じ側の手と足を出して歩いてしまうほど緊張感が漂うなか，レイは舞台上で園長と「あくしゅ」とリズミカルに言いながら握手をすることが楽しかったようで，好んで卒園式の練習に参加します。舞台上をスタスタと歩き，園長から修了証書に見立てた紙を受け取ると「ありがとう」と言ったりしてその場を和ませ，子どもたちの緊張がほぐれて笑いが起こったりしました。

一方，保育者間では，通常の幼稚園生活とは異なる場となる行事でのいままでのレイの様子を振り返りつつ，卒園式で予想され得るレイの困り感にどのように寄り添い，対応していくことができるのかを話し合いました。たとえば音に敏感なレイが子どもたち全員の歌声が響く空間に留まることがつらくなった時のために，式の途中でも出入りしやすいように，クラスの席に加えて，もう一つ，出入口に近い場所にもレイの席を設ける，証書を受け取る順番も，あらかじめ決められている順番よりも，レイが壇上にあがることができるタイミングを優先するなど，レイの困り感に柔軟に対応するよう配慮して式を進行することを確認し，卒園式当日を迎えました。

卒園式当日，レイは通常とは異なる幼稚園の風景に落ち着かない様子で「せんすいかん」[⇒10]をつくるのに必要な材料と道具を持ち，一足先に式場となる遊戯室へと向かい入口前で待っていました。そこに同じクラスの子どもたちが到着するとレイはその列に入り一緒に入場します。レイが式の途中でも退出しやすいように入口近くにも席を用意していたので，私がレイにどちらの席に座るかたずねるとレイは「コウちゃんのとなり」と前々日の練習の時に座ったクラスの席を選びました。

厳かな雰囲気で式がはじまると，レイは私の手を持ち「せんすいかん」をつくるよう促し，私がつくった「せんすいかん」をしっかりと手に持ちます。そして立ち上がって後方の保護者席の父親を確認したりもしますが，式の進行状況に合わせて他の子どもたちと同じことをしようともします。証書授与になり名簿順に一人ずつ子どもたちが舞台にあがると，レイは「レイくんも」と言って立ち上がります。私が順番であることを伝えると，レイは座って「せんすいかん」に意識を戻します。しばらくして再び「レイくんも行く」と立ち上がるので，私は担任保育者に合図を送り，順番を待つ同じクラスの女児に頼むと，女児はレイを快く先に入れてくれます。レイは一人で舞台にあがり証書を受け取って席に戻ります。席に戻るとレイは証書を眺め一文字ずつ指で追いながら「なに」と聞くので私はレイに聞こえるように小さな声で読みました。

その後，年中児と年長児が互いに言葉を送る場面では，レイは私の顔に時々自分の顔をよせて私の言葉を聞き取りながらたどたどしく，でも大きな声で言葉を言います。全員で歌う場面ではレイは「そろそろ，うたおっか」と言って立ち上がり，歌詞がわかる箇所を歌い，わからない箇所は奇声を発します。

第二部になり，年中児と年長児が交互に歌う場面になると，レイは式場に響くピアノの音と声に耳をふさぎ，式場を出ます。私が後を追うと，レイは出た瞬間に「ああ，楽しかったね」と言います。その一言に私もとてもうれしくなり「そうね。楽しかったね」と言って，２人で遊戯室の前にある教員室に入り，インコに葉をあげていました。しばらくして，みんなが退場してきた気配がすると，レイは「そろそろ行こっか」と言って教員室を飛び出し，みんなと一緒に保育室へと戻って行きました。

⇒10　レイが私の手にクレヨンを持たせ，細長い丸を描かせ，それをハサミで切るようせがみ，私が切り取ったものです。レイはそれを「せんすいかん」と呼び，ここ数日どこへ行くにも持ち歩いていました。

卒園式当日，レイは「せんすいかん」をつくるのに必要な材料と道具を持って式場に向かったり，一足早く，式場に着いても，先に入らずにクラスの子どもたちが到着するのを待って一緒に入場したり，入場してどちらの席に座るか私に問われると，自分のクラスの席に座ることを選択したりしています。そして，式場に響くピアノの音と子どもたちの歌声に耐えきれなくなり式場を出たあとも，式が終了すると，その気配を察し自らクラスの子どもたちと一緒に保育室へと戻っています。このようなレイの姿から，レイは「みんなと一緒に参加したい」という意思をもって卒園式に参加しているといえるでしょう。

また，式の最中もレイは「せんすいかん」に意識を移すことで証書をもらう順番を待ったり，他の子どもたちの様子を見て模倣することで式の進行に合わせて動こうとしたり，私に顔を近づけて何を言っているのかを聞き取って送る言葉を言ったり，歌詞がわからないところは奇声を発しながら歌ったりしていることから，レイは「どうしたらみんなと一緒に卒園式に参加できるのか」をレイなりに追究していることが読み取れます。レイが式場内の音に耐えきれなくなり，式場の外に出た瞬間に「楽しかったね」ともらした言葉からも，レイが「みんなと一緒に参加すること」を求めていたことがわかります。

レイが入園して以来，「モノの世界」の探究を続けてきたことを思うと，なぜレイは卒園式に「みんなと一緒に参加すること」を求めたのか，不思議です。保育者は，レイの同じことを繰り返す行為に対して，単に障害の特性と捉えて終わらせてしまうのではなく，レイが何をしようとしているのかをわかろうとして，レイが見ているものを共に見ることで，レイの探究する世界を発見し，その探究を共にしました。このことから，保育者はレイを障害児として扱うのではなく，何かしらをしようとしている，意思をもつ一個の主体として見て，かかわっていることがわかります。

このような一人の保育者の応答的なかかわりを媒介として，レイは「同伴的 THEY（partner-like THEY）」とかかわりをもつことが可能となったのではないでしょうか。それでレイは「同伴的 THEY（partner-like THEY）」での実践として，「みんなと一緒に卒園式に参加する」ことに意義や価値を見出したのだと思われます。つまり，レイは「よさ」の追究として，レイなりに卒園式への参加を果たそうとしていたのでしょう。

一方，保育者や子どもたちは，レイが卒園式で「せんすいかん」を手に持っていたり，静かに座っていられなかったり，証書を受け取る順番を守れなかったり，歌っているつもりが奇声を発してしまったりしても，だれもレイをとがめたり，式場の外へ追い出したりしません。なぜでしょう。それは，保育者や子どもたちも，このレイの卒園式への参加を，レイの「よさ」の追究として納得し，尊重していたからではないでしょうか。

思い返せば，保育者間では，卒園式の打ち合わせにおいて，クラスの席の他に出入り口近くにもう一つレイの席を確保したり，レイが証書を受け取る順番について検討したり，想定外のあらゆる出来事に即応していけるように話し合いました。またクラスの子どもたちも証書をもらう順番を守ることができないレイを非難したりせず，快くレイに順番を譲ってくれたりしています。これは，保育者やクラスの子どもたちが型通りに式を進行させることよりも，レイの卒園式への参加の在り様にその都度，応じることで，レイの「みんなと一緒に卒園式に参加したい」という「よさ」の追究を尊重し，ありのままのレイの存在を肯定しているといえるのではないでしょうか。

こうしてレイは自ら「よさ」を追究し，その「よさ」の追究を保育者やクラスの子どもたちに分かち合ってもらうことで，学びを生み出すことが可能となりました。レイの学びを，Episode 1 のアツシの卒業式と比較すると，型通りの式の進行を妨げる想定外のトラブルを回避するために，事前に一定の距離を保って歩くことができるように練習を繰り返した結果，「できる」ようになった学習とは決定的な違いがあることがわかるのではないでしょうか。

したがって，障害のある子どもの「よくありたい」と願う心の声（訴え）をしっかりと受け止め，応える，すなわち「子どもがケアする世界」をケアすることで，能力の向上を脱却し，存在の肯定に重点をおいた学びを実現することは可能であるといえるでしょう。障害のある子どもたち自身が「自分にできないことは何もない！」と思えるような，子どもと共に学びを創造する保育を実践してみませんか。

Book Guide 

・苅宿俊文・佐伯胖・高木光太郎（編）『まなびを学ぶ（ワークショップと学び 1）』東京大学出版会，2012年。

私たちがいままで「学び」として扱ってきたものを，あえて「ほぐす」ことによって，多様化する社会で生きていくことや，多様性を尊重する社会を築いていくことに役立つ「ほんとうのまなび」について考え直す機会を与えてくれます。そのまなびの実践としてワークショップの可能性を探究し，私たちの中に潜む「当たり前」を揺さぶり，「まなびほぐし」へと誘います。

・赤木和重（編著）『ユーモア的即興から生まれる表現の創発――発達障害・新喜劇・ノリツッコミ』クリエイツかもがわ，2019年。

従来の特別支援教育で重点をおいてきた「能力の向上」，「計画通りの実践」とは対立する「即興」，「ユーモア」，「参加」に焦点をあてた活動，実践を紹介し，その意味を読み解いていくことで，新たな特別支援教育の方法や障害児の見方を提供してくれる，まさに「目からウロコ」の1冊です。

Exercise 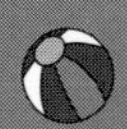

1. 保育における遊びは学びであるとよくいわれますが，遊びがなぜ学びになるのか，「ケアする」ということの意味から考えてみましょう。さらに，障害児保育においても，遊びは学びであるといえるのかどうか，考えてみましょう。
2. 障害のある子どもの「存在を肯定する」ということに重点をおいた障害児保育の在り方について，保育者の子ども理解や子どもへのかかわりなどに焦点をあて，具体的に自由に意見を出し合い，話し合ってみましょう。

第5章

家庭との連携

みなさんが子どもと園でお米を収穫しました。この場面に出会ったら，この後どのようなことを実施することが子どもの経験にとって大切であるか，具体的に考えてみましょう。

みなさんは食育という言葉を聞いたことがあると思います。食べる活動を実施するのは，食べることだけが目的ではありません。食べる物が出来る過程や食べられるようになるまでの流れを経験することは，食べ物の大切さや価値を身体で感じる具体的な経験になります。食に関しては，各家庭での違いや保護者の思いの違いが多くあるのが現実です。しかし，多くの人が食べることの喜びや大切さを感じるものです。

園で収穫するお米は，田植えから始まり，日々のお世話も大切です。収穫したお米は天日に干し，脱穀といったさまざまな過程を経なければ食べるまでに至りません。大切なことは，園で取り組んでいることを各家庭に可能な範囲で発信することです。写真を活用することによって，食べるまでの過程に大切な意味があるということを，家庭にも理解してもらい，実際にお米を食べることの喜びを園でも家庭でも実感してほしいものです。これが家庭との連携です。障害のある子どもの園生活を充実させるためにも家庭との連携は欠かすことができません。

1 家族との出会いからの出発

❶ 初めての出会い

「私に担任することができるのでしょうか」。

ゆり子先生は保育者になって３年目に，園長先生から年中クラスの担任になることを告げられました。そのクラスに障害のある女の子（陽子ちゃん，ダウン症）が入園予定ということで，３月末に陽子ちゃんの母親に会って話を聴くように言われたのです。担任としてクラスを任せられることも初めてであり，障害のある子どもを担当することも初めてだったため，とても不安な気持ちになってしまいました。ゆり子先生は，その気持ちを正直に園長先生に伝えました。

園長先生は言いました。

「ゆり子先生の不安より，陽子ちゃんのお母さんのほうがもっと不安なんですよ。陽子ちゃんは，これまで専門施設に通っていたけど，週３日，保育園に通園して同年齢のお友達とのかかわりを増やしてあげたいと希望されています。まずは，お母さんからお子様のことをよく聴いてあげてくださいね」。

ゆり子先生は園長先生の言葉に納得しました。そして，主任保育者からは「笑顔であいさつ」と「お母さんの思いにしっかり耳を傾けること」の２つの助言を受けました。

Work 1　初めて家族と会う時の留意点

障害のある子どもの家族と初めて出会う時，保育者としてあなたはどんなことに気をつけたいですか。また，家族からどんなことを聴いたらよいと思いますか？

あなたの考えをノートに書いて，グループで共有してみましょう。

入園式の１週間前の３月末。初めての出会いの日がやってきました。陽子ちゃんが専門施設（児童発達支援センター）を利用している時間帯に母親が一人で来園しました。母親は，少し緊張した様子だったのでゆり子先生は笑顔であいさつしました。

「こんにちは，はじめまして。私が陽子ちゃんの担任をさせていただく田中ゆり子です。今日は陽子ちゃんのことをいろいろ教えてください。よろしくお願いします」。

「こんにちは。こちらこそよろしくお願いします」。

陽子ちゃんの母親も笑顔になり，緊張がほぐれた様子です。ゆり子先生も，そんなお母さんの表情を見てほっとしました。

❷ 連携のスタートラインとなる出会い

Work 1 でみなさんはどのような考えが浮かびましたか。わが子を園に預ける家族の気持ちになって考えられたでしょうか。

「担任の先生はどんな人だろうか」「わが子をかわいがってくれるだろうか」「わが子は園になじめるだろうか」等，不安な気持ちを抱えているのではないかと想像できたと思います。

ゆり子先生の「出会い」の場面を思い出して考えてみましょう。心のこもったあいさつや笑顔は，陽子ちゃんの母親に安心を与えることができたのではないでしょうか。

初めての出会いから家庭との連携がはじまります。

連携のスタートラインとなったこの日，ゆり子先生と陽子ちゃんの母親はどんな時間を過ごしたのでしょう。

❸ 母親の話に耳を傾けて
――「私にできるのか」から「私に何ができるか」へ

初めての出会いの日，ゆり子先生は母親からたくさんの話を聴きました。陽子ちゃんが生まれたとき，小さくて今にも命が消えそうで1週間は泣いてばかりいたこと，医師や看護師の支えで前を向く勇気が出たことも話してくれました。また，陽子ちゃんは発達がゆっくりで体も小さく心配だったけれど，1年前から言葉が出るようになって，今はいろんな言葉を覚えるのが楽しくてたまらない様子であると教えてくれました。その他，家庭での様子，好きな遊びや苦手なこと，児童発達支援センターの支援内容も話してくれました。

ゆり子先生は，母親の話を聴きながら，保育のなかで陽子ちゃんと一緒にどんなことができるか具体的なイメージがどんどんわいてきました。また，生まれてからこれまでの陽子ちゃんと共に生きてきた母親の愛情を感じ，陽子ちゃんを預かる者として背筋が伸びたような気持ちになりました。

ゆり子先生は，陽子ちゃんの母親に会う前に抱いていた感情が大きく変わったことに気づいたのです。

「私にできるのか」という不安な気持から，「私に何ができるか」という思いに変わったのです。母親から話を聴く時間を通して保育者としての役割を認識し，陽子ちゃんと母親の支援者として自覚と責任が芽生えた時間となりました。

2　家族理解のために――家族の心情を理解する

最初に障害児保育における「家族との出会い」について見てきました。そこでは，家族の気持ちになって耳を傾けるということが，保護者との関係や，保育者としての姿勢にもかかわってくることを確認しました。しかし実際には，笑顔であいさつをして耳を傾けようとしても，最初から多くのことを語ってくれるとは限りません。障害のある子どもの保護者の多くは，入園にいたるまでにさまざまな悩みや葛藤を経験してきています。その家族の心情を理解するためにどのような姿勢が必要か学んでいきましょう。

❶ 家族の心情を考える

わが子に障害があることがわかった時，家族はどんな感情を抱くでしょうか。子どもを授かった時，親というのは「健康であってほしい」「元気で生まれてほしい」という願いをもつでしょう。しかし，生まれて間もなく障害があるとわかったり，育ちの過程で言葉の発達が遅れたりした時，どうでしょうか。家族の気持ちや状況を想像してみましょう。

Work 2　家族の気持ちになって考える

よしきくんは，生後すぐに四肢の障害があることがわかりました。医師からは「脳の状態からも，一生歩くことも，話すこともできないでしょう」と告げられました。

家族はその時，どんな感情を抱いたでしょうか。あなたが家族（父親や母親，きょうだい）だったと想定して考えてみましょう。

Work 3　3歳児健康診査で指摘を受けた母親への支援を考える

あなたのクラス（年少）に在籍する勇太郎くんが，3歳児健康診査で「発達障害の疑いがある」と指摘されました。勇太郎くんのお母さんは，大変ショックを受け，混乱状態です。これから専門機関や病院に行くことへの大きな不安を抱えています。

園生活では，恐竜が大好きな子どもで，友達と一緒に遊ぶより，一人で恐竜の絵本を見たり，絵を描いたりしていることが多い子どもです。家で困ったことはあまりなく，母親は戸惑っています。

母親は，不安な気持ちを保育者にぶつけました。あなたは，母親にどんな言葉をかけてあげますか。また，どんなふうに話を聴きますか。母親の立場になって考えた上で，保育者の支援について考えてみましょう。

自分が経験したことがないことを，他者の立場になって考えることは，難しく感じるかもしれません。障害の診断や疑いは家族に大きな混乱を与えることもあります。ショックや混乱のなかにいる時は，子どもの子育てに向き合うことに否定的な感情をもってしまいます。「認めたくない」「何かの間違いだ」という感情が沸き起こるかもしれません。このような感情は当然あることです。「あなたががんばらないと子どもがかわいそうですよ」や「お母さんなんだから泣いてないでしっかりしてください」といった助言や励ましは禁句です。

❷ 障害受容の再考――家族から見える景色

障害のある子どもにかかわる保育者や教員から「○○くんの親はまだ子どもの障害を認めてないから，支援が難しい」「障害受容を促す支援をしなければ」などという言葉を聴くことがあります。筆者は，障害のある家族支援に携わる立場でその声に疑問を感じてきました。

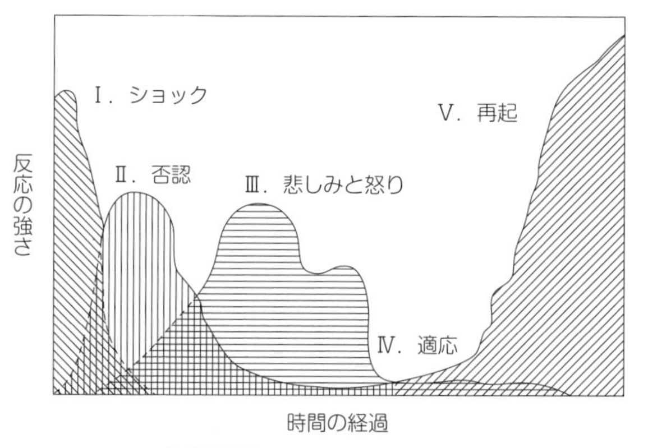

図５－１　障害受容の段階説

出所：Drotar, D., Baskiewicz, A., Irvin, N., Kennell, J., &Klaus, M.(1975). The adaptation of parents to the birth of an infant with a congenital malformation : A hypothetical model. *Pediatrics*, **56**（５）, pp. 710-717をもとに作成。

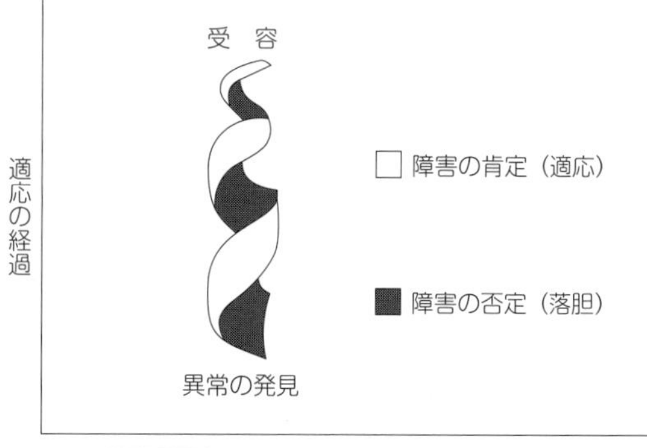

図５－２　障害受容の「螺旋型モデル」

出所：中田洋二郎「親の障害の認識と受容の考察――受容の段階説と慢性的悲哀」『早稲田心理学年報』**27**，1995年，pp. 83-92をもとに作成。

家族支援に携わる者は，支援者側からみる景色から家族の姿を捉えるのではなく，家族からみる景色を想像しながら，支援について考える必要があると思います。親や当事者の立場からすると，障害を受け容れられたかどうかにかかわらず，その障害とともに生きていくという事実があり，そこに葛藤もあり，苦しみや悲しみも渦巻いていると思います。支援者は，家族のこのような状態をどのように理解すればよいでしょうか。障害受容の研究から学んでいきましょう。

障害受容については多くの研究者が，「障害受容モデル」を提案していますので，ここでは２つ紹介します。ドローターの「段階説」は，時間の経過とともに５つの段階が重なりながら変化していくことを述べました（図５－１）。

一方，中田は，障害受容を「螺旋型モデル」で示しました。中田は，図５－２にあるようにリボンの表と裏に「障害の肯定（適応）」「障害の否定（落胆）」があると示しました。中田は，障害のある子どもを育てる家族が，子どもの障害を否定したい気持ちと肯定したい気持ちの両方を抱えながら生活していると考える必要があることを主張しています。また，表面的には障害を肯定しているように見えても，障害を否定する気持ちも隠れていることも説明しています。

障害のある子どもを育てる家族がすべて同じような状態にあるとは限りません。それぞれの生活，子どもの姿，家族の状況によっても異なっていることを感じます。同じ体験をしても人によって感じ方や考え方が異なるでしょう。また，家族がどのようなソーシャルサポート（夫・妻，祖父母などの理解と支援，近隣の人々の理解と支援など）を受けているかで，変わってきます。家族が子どもと共に生きていく過程で，何らかの原因で苦しい状況にある時は，障害の診断から時間が経過していたとしても，中田がいうように，リボンの裏（障害の否定）がその人の心の状態となっているかもしれません。障害を受容したかどうかではなく，このような家族の心情を理解する姿勢が保育者に求められます。出会った家族が抱えている今の状況，思いや願いなど，表面では見ることのできない心に目を向けたまなざしをもってほしいと思います。

❸ 家族の心情に寄り添った支援とは

家族の抱えている状況を知るためには，家族の話を聴く時間を設けていくことが必要になります。さらに，話を聴くとき，家族の体験している世界（たとえば，わが子に障害があると知らされた時）を想像し，相手の心情に寄り添っていくことが大切です。

村瀬は，クライエントを理解するための心理臨床家に求めるものとしていくつかを掲げています。その一つを紹介します。[1]

> クライエントの体験世界，何をどのように体験しているか，自分をどう受け止めているかについて，外界の行動特徴を的確に観察するばかりに偏らず，想像し，その不安や苦しみ，悲しさを汲み取ろうとする。さらに，クライエントの体験を想像し，わかろうとする。ただし，一方でそうしている状況を相対化して自覚し，バランス感覚を失わないように留意する。

困難な状況にある家族を支援する場合，保育者にも心理臨床家が有するような専門性が必要になることが多くあります。

そのためには，学びと経験が必要になります。たとえば，保育者になってから，多くの家族と出会い，具体的なかかわりを通して，実践と省察を積み重ねていくことも大切でしょう。研修に参加するなど，専門性を高めるための自己研鑽も必要です。

次の，連携の質を高める家族支援を通して，さらに学んでいきましょう。

➡1　村瀬嘉代子『心理療法家の気づきと想像――生活を視野に入れた心理臨床』金剛出版，2015年，p. 51。

3 連携の質を高める家族支援

ここまで，家庭との連携を考えるにあたって，保育者として理解しておいてほしい「出会い」の大切さや「家族の障害受容」について考えてきました。

ここでは，具体的に家庭との連携を進めるときに大切になる姿勢や視点について説明していきますが，そのまえに，保育所保育指針解説から，「家庭との連携」の重要性について確認しておきましょう。[2]

2　厚生労働省「保育所保育指針解説」2018年，p. 57。

> 【家庭との連携】
> 障害や発達上の課題のある子どもの理解と援助は，子どもの保護者や家庭との連携が何よりも大切である。その際，子どもの困難な状況だけでなく，得意なこと等も含めて，保育所と家庭での生活の状況を伝え合うことに留意する。子どもについての理解を深め合うことや，保護者の抱えてきた悩みや不安などを理解し支えることで，子どもの育ちを共に喜び合うことが大切である。こうした連携を通して保護者が保育所を信頼し，子どもについての共通理解の下に協力し合う関係を形成する。

ここにあるように，保護者と子どもの育ちを共に喜び合う関係をつくることが，家庭との連携をする上で欠かせません。そのために，保育者にはどういうことが求められるのでしょうか。

❶ 聴くことを基本に

① 聴く技術

障害児保育の「家庭との連携」は，家族からの情報がとても大切になります。家族から話を聴くときに参考になるのが，カウンセリングやソーシャルワークの技術です。

心理療法におけるカウンセリングやソーシャルワークにおける面接技法では「傾聴」（相手の話に耳を傾けて聴くこと）が基本になりま

す。家族の声に耳を傾け，村瀬の言葉にあったように「想像し，その不安や苦しみ，悲しさを汲み取ろうとする」ことを心がけてみてください。家族の思いや願いに共感し，深くうなずいたり，相槌をうったりします。また「～と思われたのですね」など，家族の言葉をそのまま返してあげることも効果的です。さらに，「～だからつらかったですね」「～ということがあったことで混乱されているのですね」など，家族の不安な気持ちを言葉にし，その感情を表現する「受容と共感[3]」や「カウンセリングマインド[4]」を大切に，家族の心情にしっかりと寄り添ってみましょう。

3　受容と共感
相手のすべてをありのままに受け容れ，相手の思いや願いを相手の立場になって感じることです。

4　カウンセリングマインド
心理療法におけるカウンセリングの基本的な姿勢や態度を活かしていこうとするもの。「心のつながりを大切にする」「相手の立場に立って共に考える」「ありのままの姿を温かく受け止め見守る」「心の動きに応答する」などの点で保育とカウンセリングには共通している点が多いとされています。
文部省「保育技術専門講座資料」1993年。同資料は，大豆生田啓友・三谷大紀（編）『最新保育資料集（各年版）』ミネルヴァ書房に全文が収録されています。

② 家族の語りから情報を整理する

本章の冒頭に紹介したゆり子先生は，初めての出会いの時間に，母親からたくさんの話を聴くことができました。母親が語ってくれたことは，これから陽子ちゃんと出会い，保育していく上で大切な情報でした。母親は，ゆり子先生に出会った最初の印象がとてもよかったこと，話を一生懸命に聴いてくれる姿に安心して話ができたと言います。ここでのゆり子先生の姿勢は，先に紹介した「受容と共感」「カウンセリングマインド」につながるものです。

家族から聴くことができた家庭の様子や家族のかかわりなど，これらの話の内容は，保育の計画や個別の支援計画を立案・実践・評価する過程でとても重要になります。家族からの情報を整理するための項目やポイントを表5-1にまとめました。これらの項目やポイントについて，家族の話を聴く前にもイメージしておくとよいでしょう。その際，家族に対して形式的に聴いていくのではなく，家族が自由に語れる雰囲気を大切にしながら，保育者から質問をしていくとよいと思います。たとえば，「陽子ちゃんは，お家でどんな遊びをされていますか」「お着替えのとき，どんな支援が必要ですか」「保育園で陽子ちゃんにどんなふうに過ごしてほしいと思われますか。お母さんの希望があったら教えてください」といったような質問ができるとよいでしょう。

❷ 信頼関係を形成する

保育者は，家族から信頼される存在になってほしいと思います。では家族から信頼を寄せられる保育者とはどのような保育者でしょ

表５-１　家族からの情報の整理

項　目	整理するポイント
これまでの歩み	・生まれてからこれまでのこと ・子どもの様子と家族の心情
家族関係	・本人と家族との関係 ・家族（父・母・祖父母・きょうだい）の本人への思いやかかわり
家庭での遊びの様子	・家庭ではどんな遊びをしているか ・好きな遊び，苦手な遊びは何か
家庭での生活の様子	・食事，排せつ，着脱衣，清潔，睡眠等の様子 ・生活面でどのような支援が必要か，家庭ではどのようにサポートしているか
関係機関（児童発達支援センター，医療機関等）の様子	・利用している（利用していた）関係機関での子どもの様子や支援者とのかかわり
心配なこと	・子どもの育ち ・将来のこと（就学後のこと等）
本人の強み	・家族からみた本人の得意なことや輝くところ ・子どもの成長を感じるところ
要　望	・園に求めることや期待すること

出所：筆者作成。

うか。

信頼を寄せられる保育者になるためには，「家族を尊重する」という姿勢を保持することが大切です。家族は，子どもの一番の理解者であり，生涯にわたって子どもと共に歩み続ける存在です。保育者は，子どもの成長の過程で出会った一人の専門家として，子どもと共に歩む家族を尊重する姿勢を大切にしましょう。

さらに，保育者の専門性の中核になる「子ども理解」を深める努力ができる保育者になることです。「子ども理解」については，次の項で学んでいきたいと思います。

❸ 子ども理解の共有――信頼関係を基盤に

「子ども理解」は保育者の専門性の中核になるといえるものであり，保育者は，保育実践を通して子ども理解を深めていくことが求められます。障害児保育実践においては，保育者自身が，子どもを理解するために専門性を発揮し，家族と「子ども理解」を共有する作業が求められます。

障害のある子どもを育てる家族は，わが子の理解に苦しんでいる場合が少なくありません。次の Episode 1 の直人くんの母親の思いを読んでみましょう。

Episode 1　わが子の行動が理解できない

直人くん（2歳11か月，知的障害のある自閉スペクトラム症の男児）は，気に入らないことがあると大きな声をあげて泣きじゃくり，パニックになります。人との会話はできないのですが，アニメのセリフを覚えて，独り言のようにずっと話しています。話しかけると大きな声をあげて耳をふさいでしまいます。なぜ，こんな行動をするのか直人くんの母親はまったく理解できません。母親は，もうすぐ3歳になるのに，会話が成り立たない直人くんのことが心配でたまらない様子です。

直人くんの母親は，子どもとのかかわりに困難さを抱え，わが子でありながら理解できないことに苦しんでいます。こうした状況にあると，子育てに向き合う気持ちが低下してしまうでしょう。一方，直人くんは，保育園と児童発達支援センターに通い，さまざまな体験を通して，自分らしさを発揮しながら，活動しています。大人からみたら「困った行動」に見えることも，直人くんにとっては，心の表現であったり，障害の特性から現れるものであったりします。保育園や児童発達支援センターでは，このような子どもの行為を「いま，ここ」にある子どもの表現と捉える理解をしていきます。しかし，家族にとっては，直人くんの母親が抱えるような感情を抱いてしまうのです。こうした時，家族との信頼関係を基盤に，直人くんの理解を共有していく作業をすることが大切になります。

まずは，母親の思いを受容し，共感することを基本に，保育者の子ども理解を母親に丁寧に伝えていきます。

たとえば，園では，アニメのセリフを言うことが，直人くんの心を落ち着かせていること，その大好きなアニメのキャラクターの存在が，遊びの活動に参加することや着替えや手洗いなどを行う際に，役に立っていることを伝えます。会話に対する心配については，直人くんが，最近，指さしで自分の想いを伝えたりすることができるようになったこと，クラスの友達に関心を示す場面があるなど，成長の姿を伝えることもよいでしょう。加えて，日々の保育のなかで発見する直人くんのよさや強み（得意なこと）を家族に伝えることも大切になります。

子どもの保育の様子を家族に伝え，家族が保育者に伝え，相互理解を深めていきます。保育の場と家庭で，共に子どもを育てる者としての役割をそれぞれ担いつつ，子ども理解を深めていくのです。

❹ 子どもの障害の特性や発達の状況を共有すること

保育の場では，先に述べたように，障害に着目するのではなく，子どもの行為の意味を考え，よさや強み（得意なこと）を重視した理解が基本的な視点としてあるでしょう。

しかし，家族が子育てで抱えている悩みや心配のなかに，「障害」や「発達の遅れ」などが常に存在しています。家族が，そのことについて向き合い，理解したいという思いや願いをもっている場合，保育者も一緒に考える作業も必要になります。

障害の疑いや障害の診断は，家族にとって当然苦悩を抱えることです。しかしながら，その状態を含めたわが子をまるごと理解するためには，子どもが抱えている障害の特性や発達の課題に向き合うことも必要になってきます。子どもが幼い頃は，なかなかその事実に目を向けることが困難であることが想像できます。しかし，筆者の経験からいえることは，家族だけでなく，支援者と一緒に考えていくことで，家族の気持ちに変化が起こることを感じています。支援者と一緒に考えることで子どもの障害の特性や発達の状況に向き合う勇気が与えられ，支援者と共に育ちを支えるための方法を考えることで，子どもの育つ可能性を信じ，家族としてできることを模索するようになる姿に出会ってきました。支援者と家族が共に考える作業は，家族が主体的に子育てに向かう気持ちを醸成するだけでなく，ありのままのわが子をまるごと理解するまなざしをもつことを支えていきます。

このことについて，専門機関の例から学んでみましょう。

児童発達支援センター等の障害児の福祉サービスにおける家族支援の研究[5]において，個別支援計画の作成過程が「家庭との連携」の重要な作業であることが示されました。この作業過程には，家族が子どもの障害特性や発達の状況を支援者と共有した上で，今から子どもの発達を促すためにできること（短期目標）や将来を見据えて目指すこと（長期目標）などを掲げて，支援内容を決めたり，計画を立てたりします。その際，家族の思い・願いも含めつつ，計画していきます。こうした時間を通して，家族と支援者の信頼関係が生まれ，わが子の理解を深めることができるのです。

その他，連携の方法は，家族と直接的な対話，連絡帳，電話や

➡5　藤田久美「発達初期の障害児を育てる家族支援サービスモデルの開発」『山口県立大学社会福祉学部紀要』(17)，2011年，pp. 23-26。

表5-2 障害児保育における家庭との連携と支援

連携方法	実際とポイント
実態把握と計画・評価	子どもの実態把握のために，家族から情報（家庭での様子，関係機関での様子等）を聴く。その際，家族の様子（家族関係，子育てへの感情）も把握することができるようにする。計画・評価も家族との共有が必要になる。
家族との直接的な対話	送迎がある場合は，子どもの様子や家族とのコミュニケーションをとり，家庭の様子や園の様子の情報交換を行う。保育者は，子どもの様子だけでなく，家族の声に耳を傾け，家族の言動・表情などから，家族理解を深めるように努める。送迎がない場合は，園での定期的な面接時間を設ける。必要がある場合は家庭訪問を行う。
連絡帳	子どもの障害や発達の状況によって，朝の体温やその日の心身の状態を記述できる欄を作成した上で，家庭の様子や家族の思いなどを記述する欄を作っておく。保育者は，園での様子を記述したり，家族が書いたコメントに返事を書いたりする。保育者の記述内容は子どもの成長を感じられるような肯定的なコメントを書くようにする。
電　話	連絡帳で伝えにくいこと，直接，話すことで伝えた方がよい内容，急な連絡が必要な時等に用いる。
専門機関との連携	関係機関との連携や就学先との決定等，児童発達支援センター等の関係機関や教育委員会に行く場合，家族に同行する場合がある。家族との連絡・調整を基本に，他機関・他職種と連携しながら，家族を支援する方法である。この場合，あくまでも，家庭との密な連携をもとに行うことが重要である。

➡出所：筆者作成。

メールなどさまざまな方法が考えられるでしょう。表5-2に整理したように，保育者は個々の家族の状況を理解し，家族にとって心地よい連携ができるよう工夫していくことが必要です。次の Episode 2 や表5-2に示した連携の実際とポイントを読んで，連携は単なる連絡を取り合う関係ではなく，家族支援の視点に立つことが大事であることを理解してほしいと思います。

Episode 2 一緒に育てた記録――15冊の交換ノートは宝物

「このノートは卓也の成長の記録です」。

15冊のノートを手に卓也くん（自閉スペクトラム症）の母親は，語ります。2年間通った幼稚園の先生との連絡ノートの交換が母親の日々の楽しみになりました。ノートをめくると，そこには，卓也くんの毎日の記録が細かく書いてあり，それに対して，クラス担任や加配保育士から返事が書かれていました。時には，卓也くんの子育てが大変で苦しい気持ちをノートに書いた日もあります。これまでできなかったことができたと小さな成長をみることができたことの喜びを綴った日もあります。家族にとってこの15冊の連絡帳（交換ノート）は，幼稚園時代の思い出，先生との絆，そして家族の宝物になりました。

図5-3には，保育における「子ども理解の共有」を表してみました。基本的な保育の視点である「子ども理解」を基盤にした上で，

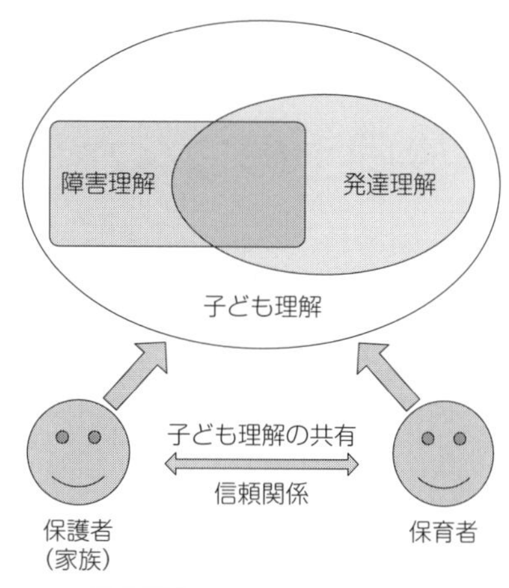

図５－３　子ども理解の共有

出所：筆者作成。

子どもの障害特性や発達の状況を理解することが含まれています。

専門機関の場においても，幼児期にある子どもの支援においては，保育の専門性である「子ども理解」の基本的な視点が土台になっています。子ども本来の育つ力を信じ，よさや強み（得意なこと，光っていること）に着目した支援が，保育者と家族との信頼関係をもとに展開されることが望まれると考えています。

❺ 家族をまるごと支援するための連携

保育者の役割として，父親，母親，祖父母など家族のメンバーとの連携や家族関係の調整などの支援を担うことも必要になります。家族それぞれが抱える心情や子どもとの関係についても十分に理解した上で支援していく視点が求められます。

また，障害のある子どもの兄弟姉妹（以下，「きょうだい」）と障害児との関係やきょうだいの子育てに悩んでいる親も多く見受けられます。たとえば，「障害児に手がかかり，寂しい思いをさせているのではないか」「障害のあるきょうだいがいることで負担をかけてしまうのではないか」など，心苦しい気持ちを抱きがちです。

保育者は，家庭との連携を通して，親がきょうだい児の子育てやきょうだい児との関係に悩みを抱えている状態にあるとき，親と一緒に考え，必要な支援を行っていくことが大切です。

4 家族同士のつながりを創る支援

本章の最後に，地域とのつながりについて考えてみたいと思います。保育所保育指針解説においても，その重要性が次のように示されています[6]。

6 厚生労働省「保育所保育指針解説」2018年，pp. 57-58。

> 障害や発達上の課題のある子どもや保護者が，地域で安心して生活ができるようにすることが大切である。そのため，他の子どもの保護者に対しても，子どもが互いに育ち合う姿を通して，障害等についての理解が深まるようにするとともに，地域で共に生きる意識をもつことができるように配慮する。その際，子どもとその保護者や家族に関するプライバシーの保護には十分留意することが必要である。

障害のある子どもや保護者が，地域で安心して生活することができるために，保育者として何ができるでしょうか。

❶ 家族が出会う場，語る場をつくる

障害のある子どもを育てる家族が地域のなかで疎外感や孤立感を抱えている報告もあります。障害児福祉の推進において，このようなニーズに対応するために，行政や専門機関，障害のある家族の主体的な活動（親の会，市民活動等）等で，障害のある子どもの家族同士が出会う場が設けられるようになりました。このような事業・活動に家族を紹介することも家庭支援の大事なことの一つです。では，こうした支え合いが生まれる場を園内に設けることは可能でしょうか。Episode 3 では，障害のある子どもの保護者を対象とした交流の場を企画・実施している園の取り組みを紹介します。

Episode 3 障害のある子どもを育てる家族同士の交流

おひさま幼稚園では，120名の園児が通園しています。そのなかで，7名の障害の診断を受けた子ど

もが利用しています。障害名は，肢体不自由，ダウン症，自閉症等，さまざまです。おひさま幼稚園では，独自の取り組みとして，学期に１回，障害のある子どもの保護者同士が情報交換等を行う茶話会が園長室で行われています。園長先生の手作りケーキと珈琲や紅茶を囲んで，保護者同士がわが子に対する思いや園に預けてからの成長の様子，保育者とのかかわりについて自由に語り合っています。会を重ねるごとに保護者同士の交流は深まり，「おひさまマザーズ」と名づけられました。

おひさまマザーズは，園長先生の発信する「園長室だより」でも紹介されたり，職員会議で共有されたりしています。

ここに紹介したような取り組みは，障害のある子どもを育てる保護者の孤立化を防ぎ，支え合いのコミュニティを生み出す効果が期待されます。

❷ 支え合いのコミュニティの創造

障害のあるなしにかかわらず，同じ地域に住む人が，お互いを知り，理解し，何かあったら支え合うことができる環境をつくることが理想です。保育の場は，地域に住む子どもたちとその家族が日常的に利用しています。保育所，幼稚園，認定こども園を利用している障害のある子どもを育てる保護者から，「クラスの子どもに迷惑をかけていないか」「クラスになじんでいるか」などの心配や，「クラスの友達にいつも助けてもらっていて感謝している」「お迎えに行ったとき，わが子の様子を伝えてくれる友達がいてうれしい」などの声が聞かれます。このような声から，障害のある子どもを育てる家族が周囲に気を使いながら生活をしていることがうかがえます。

わが国では障害のあるなしにかかわらず誰もが安心して暮らすことのできる共生社会を目指した地域づくりが進められています[7]。保育の場は，子どもを育てる家族が出会う場であり，具体的な交流や相互理解の取り組みをすることが可能な場であるでしょう。

➡7　共生社会については，本書第12章を参照してください。

❸ つながりのなかで育てる――保育者の役割

Work 4

近年，保育の場が子育て支援・家庭支援の機能をもつことが求められています。具体的な取り組みとして，どんなことができるでしょうか。また，障害のあるなしにかかわらず家族同士が出会い，相互理解を深めるためにはどんな取り組みが考えられるでしょうか。保育所，幼稚園，認定こども園でできることを考えてみましょう。

Work 4でどのようなアイデアが浮かびましたか。たとえば，幼稚園等で実施している家族会やPTA活動等の取り組みについて考えてみましょう。園を利用している家族が役員になり，園の運営に参画する活動において家族同士の交流が生まれます。このような活動を通して，障害のある子どもの家族と障害のない家族の交流が深まった例もあります。

また，保護者会等の家族が顔を合わせる場面を通して，相互理解が深まる場合もあります。たとえば，障害のある子どもの家族から要望があった場合，わが子の障害の状態や親の思いを伝える時間が設けられることもあります。保育者は，障害のある子どもを育てる家族のニーズに合わせて，交流の機会や理解を促進するために何ができるか家族と一緒に考えてみることが大切です。あくまでも，保育者が，家族同士の交流の媒介役になる役割を担う立場で，障害のある家族の思い・願いを大切にした支援をしていきましょう。

近年，多様な子どもたちを含む保育のあり方が問われ，インクルーシブな視点に立った保育実践が展開されています。子どもを育てる家族に対しても，インクルーシブな視点に立った子育て支援の仕組みづくりが新たな視点として保育の場に取り入れられることに期待しています。

Book Guide

・青山新吾（編集代表），久保山茂樹（編著）『子どものありのままの姿を保護者とどうわかりあうか』学事出版，2014年。

子どもの発達支援に携わる支援者に読んでいただきたい一冊です。保護者支援の重要性について再考できます。

・中田洋二郎『子どもの障害をどう受容するか――家族支援と援助者の役割』大月書店，2002年。

・中田洋二郎『発達障害と家族支援――家族にとっての障害とはなにか』学習研究社，2009年。

本章のなかで紹介した中田洋二郎氏の書籍です。障害のある子どもの家族支援の実践や研究から導き出された理論についてわかりやすくまとめてあります。家族支援の意義や重要性に気づくことのできる書籍です。ぜひ読んでみましょう。

Exercise 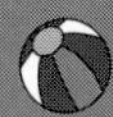

1. 家族から信頼される保育者とはどのような保育者でしょうか。思いつく保育者の姿をノートか付箋に書いて，仲間と共有してみましょう。
2. 障害のある子どもを育てる家族が書いた書籍（例：野辺明子ほか（編）『障害をもつ子が育つということ――10家族の体験』中央法規出版，2008年）を読んで，家族の思いや願いに触れ，保育者としてどんな支援ができるか考えてみましょう。

第 6 章

関係機関との連携

子どもがこの写真の中で楽しんでいることは何でしょうか？　なぜこのような遊びを子どもが好むのでしょうか？

子どもは家庭生活をベースに，園に通うだけでなく，社会的な経験をたくさん積み重ねていきます。特に病気になった時はとても印象に残ります。自分が具合の悪い時に，お母さんが心配する姿，園に連絡をして「欠席」することを伝える電話，心配する保育者の声など，周囲のさまざまな状況をしっかり把握しているのが子どもの鋭いところです。そのような日常の体験は，ごっこ遊びとして実現されることが多くあります。この写真はお医者さんごっこの場面です。自分の経験を遊びの中に取り入れ，受診している子どもも本当の患者さんのようにおなかを出しています。何とも微笑ましい場面です。

子どもが社会生活を通して経験することは結果として遊びにつながり，日々の生活を豊かにしています。このようなことから，子どもの成長や育ちのためには，家庭との連携や子どもがかかわる多くの機関などとの連携が大切になるのです。

1 連携の必要性

2008年に改訂告示された幼稚園教育要領では，特別支援教育について「特別支援学校などの助言又は援助を活用しつつ計画を個別に作成するなどして計画的，組織的に個々の教育ニーズに即した支援を行うこと」と示されていましたが，2017年3月に改訂告示された幼稚園教育要領では「障害のある幼児などへの指導に当たっては，集団の中で生活することを通して全体的な発達を促していくことに配慮し，特別支援学校などの助言又は援助を活用しつつ，個々の幼児の障害の状態などに応じた指導内容や指導方法の工夫を組織的かつ計画的に行うものとする。また，家庭，地域及び医療や福祉，保健等の業務を行う関係機関との連携を図り，長期的な視点で幼児への教育的支援を行うために，個別の教育支援計画を作成し活用することに努めるとともに，個々の幼児の実態を的確に把握し，個別の指導計画を作成し活用することに努めるものとする」と変更されました。[1]

同様に，保育所保育指針では「障害のある子どもの保育については，一人一人の子どもの発達過程や障害の状態を把握し，適切な環境の下で，障害のある子どもが他の子どもとの生活を通して共に成長できるよう，指導計画の中に位置付けること。また，子どもの状況に応じた保育を実施する観点から，家庭や関係機関と連携した支援のための計画を個別に作成するなど適切な対応を図ること[2]」，幼保連携型認定こども園教育保育要領では「障害のある園児などへの指導に当たっては，集団の中で生活することを通して全体的な発達を促していくことに配慮し，適切な環境の下で，障害のある園児が他の園児との生活を通して共に成長できるよう，特別支援学校などの助言又は援助を活用しつつ，個々の園児の障害の状態などに応じた指導内容や指導方法の工夫を組織的かつ計画的に行うものとする。また，家庭，地域及び医療や福祉，保健等の業務を行う関係機関との連携を図り，長期的な視点で園児への教育及び保育的支援を行うために，個別の教育及び保育支援計画を作成し活用することに努めるとともに，個々の園児の実態を的確に把握し，個別の指導計画を

➡1 「幼稚園教育要領」「第1章　総則」「第5　特別な配慮を必要とする幼児への指導」「1　障害のある幼児などへの指導」。

➡2 「保育所保育指針」「第1章　総則」「3　保育の計画及び評価」「（2）指導計画の作成」キ。

作成し活用することに努めるものとする」と記載されています。[3]

以上のように，幼稚園教育要領等にはとても重要な記載があるのですが，保育の現場ではかなり混乱がある事も否めません。忙しい日々のなかで，個別の指導計画を丁寧に作成することには難しい面もあります。しかし，個々の幼児の発達を促すためには，一人一人の発達の特性や配慮すべき点などをしっかりと探り，園内で協力しながら保育の方向性を検討し，常にフィードバックを積み重ねながら家庭と協力して保育に取り組む必要があります。大切なことは連携です。では，どのような連携が具体的に行われているか，その現実と課題を検討してみましょう。

3 「幼保連携型認定こども園教育・保育要領」「第１章　総則」「第２　教育及び保育の内容並びに子育ての支援等に関する全体的な計画等」「３　特別な配慮を必要とする園児への指導」「(1) 障害のある園児などへの指導」。

❶ 園における連携の必要性

私たちはみなそれぞれ顔や性格などが違うように，子どもたち一人一人の障害の状態や成長過程，発達過程における課題もそれぞれに違います。保育者たちは子どもの障害の状態をきちんと把握し，園生活において直面する困難さを理解していく必要があります。一人一人の子どもにあった支援方法を全保育者で共有し連携して保育を展開することで，子どもたちが過ごしやすくなっていきます。

障害のある子どもを受け入れている園にとっては，保育の難しさや課題が常に生まれます。しかし，個々の子どもの特性を捉えて保育をするために，園内の連携は欠かすことができません。

4 本書第２章を参照してください。

Episode 1 「一人では見られません！」

４月から新任として担任になったあけみ先生は，保育者として期待に胸を膨らませて３歳児20名の担任になりました。入園前に園児の情報をある程度聞いていたのですが，20名のなかに自閉スペクトラム症[4]の診断を受けた男児が一人存在しています。あけみ先生は大学時代に障害のある子どものことについて学んではいたものの，担任として接するのは当然初めての経験です。園では過去に何人か障害のある子どもを受け入れており，特に主任の先生は障害のある子どもの保育についての経験が豊かで，専門機関との連携などを積極的に行っていました。

４月の入園から１か月が過ぎようとした頃のことです。診断を受けているＳ君は，入園当初はとても穏やかに生活がスタートしたため，少しほっとした様子のあけみ先生でしたが，Ｓ君が本領を発揮し始めたのは，４月下旬でした。給食が苦手なようで，給食の前になると保育室から飛び出してしまい，戻ってくることが難しくなりました。あけみ先生はそのような状況になった時には，主任の先生にＳ君を見てもらうことを依頼して，他の子どもが食べ始めた時にＳ君の所に行って給食を食べるように促します。しかし，保育室に入れることを優先したあけみ先生の対応は，S君にとっては嫌な思いを強くするだけでなく，給食の匂い自体も嫌になってしまったのです。そんなあけみ先生は保育に対する自信をなくすだけでなく，S君に対して嫌な気持ちをもつようになり，職員会議の時に「一人では見られません」といった思いを口にしました。それを聞いた他の先生は，その弱音を聞いたことで，園内の連携を強くする必要性を感じたのです。辛いことを口に出すことはとても大切なことでした。主任の先生を中心に，S君に対する保育の方向性を，記録を元に話し合う時間を多くもちました。記録には先生の苦悩と日々の配慮してきたことが記述されていて，S君に対する思いや対応の迷いを読み取ることができました。記録からS君をどのように理解する必要があるのか，先生の思いを一方的に押しつけることはS君との関係が形成されづらい可能性があると，先生自身が語ったのです。この変化はとても大きなものでした。

話し合いを積み重ねた結果として，給食を食べること，保育室に入ることを優先するだけでなく，あけみ先生とS君の関係を形成することに強い意識をもつことになりました。日々の積み重ねからS君はあけみ先生が大好きになり，そこから給食を食べることにつながっていったのです。

❷ 家庭との連携の必要性

障害のある子どもや発達上の課題に困難のある子どもの保育は，まず，子どもを理解することからはじまります。その際に最も大切なことは，保護者や家庭との連携です。保育者は園生活での様子を保護者へ伝え，保護者からは家庭での生活状況や子どもの得意なこと，不得意なこと，さらに，保護者が感じている悩みや不安などを伺います。保護者の悩みや不安を理解し支え，子どもの育つ喜びを一緒に分かち合うことによって，協力して子どもを育てていく関係が生まれます。

実はEpisode 1の背景には，園内の連携だけでなく，家庭との連携がしっかりとありました。主任の先生はS君の保護者と日々対話を積み重ねてきました。S君の好き嫌い，家庭での食事の様子，今までの嗜好や生活習慣など，多くの情報を聞き取っていました。そのなかで保育として必要な情報を丁寧にあけみ先生に伝えていたのです。その連携は，あけみ先生がS君の理解を深めるためにとても大切な情報でした。家庭との連携と園内連携はつながる部分が多くあります。こうしたことからも，一人で保育を担うのではなく，家庭・園内が常に連携することの重要性が見えてきます。

❸ 関係機関との連携の必要性

障害のある子どもの保育をするためには，専門的な知識や経験を有する関係機関との連携が大切です。定期的に，または必要に応じて地域の児童発達支援センター等や医療機関と話し合う機会をもち，互いの専門性を活かして連携しながら子ども理解を深め，保育や支援の方向性を確認していきます。

厚生労働省の児童発達支援ガイドラインでは「子どもが成長し，児童発達支援センター等から地域の保育所や認定こども園，幼稚園，特別支援学校（幼稚部）等に支援を移行する際には，児童発達支援計画と個別の教育支援計画等を含め，子どもの発達支援の連続性を図るため，保護者の了解を得た上で，子ども本人の発達の状況や障害の特性，児童発達支援センター等で行ってきた支援内容等について情報を共有しながら相互理解を図り，円滑に支援が引き継がれるようにすることが必要である」とあります[5]。関係機関と連携を取りながら個々の幼児の発達を把握し，支援を継続的に行っていくことが重要となります。

関係機関との連携はとても重要です。しかし，現実的には発達障害の子どもが増加傾向にある[6]ことから，難しさも多くなっています。個別の教育支援計画も，園としては作成が可能であっても，連携している専門機関では個人情報の問題や守秘義務などの壁があり，なかなか一人の子どものことについて情報を共有することが難しくなっています。年に数回は相互に話し合う時間をもつことができても，園は園として，専門機関は専門機関として別の機能として動いている現実があることも否めません。

発達障害の子どもが多く在籍する園では，個々の幼児がかかわる専門機関には民間の発達支援センターや，公的な機関としての療育センター，また民間が運営している塾のような機関もあり，各所と同等に連携することには困難さがあります。各機関の障害観の相違や指導方法の違いもあります。その結果として保護者が混乱しているような場合もあります。できるだけ保護者からの情報を大切にしながら，個々の子どもの園での姿を日々の保育のなかで探り，理解し，何を実現しようとしているのか等，小さな興味・関心を探り，日々の園生活をより良くできるように配慮することが必要になります。

➡5　厚生労働省「児童発達支援ガイドライン」2017年。

➡6　文部科学省「日本の特別支援教育の状況について」2019年。

2 関係機関の各事業について

園を取り巻く関係機関にはどのようなものがあるでしょうか。制度として成立している機関もあれば，民間が障害のある子どもや保護者を支援するものも増加しています。本節では，関係機関がどのような役割をもっているか，保護者がどのような利用の仕方をしているのかを示します。

❶ 地域子育て支援拠点事業

核家族世帯が増えている現在，近くに家族や知り合いがいなく子育てが孤立し，子育ての不安感，負担感，悩みを一人で抱えてしまう保護者は少なくありません。特に，障害のある未就園の子どもが自宅で過ごしている場合，保護者の負担も大きくなります。地域子育て支援拠点事業は，①子育て親子の交流の場の提供と交流の促進，②子育て等に関する相談，援助の実施，③地域の子育て関連情報の提供，④子育て及び子育て支援に関する講習等の実施を４つの基本事業とし，保育所や幼稚園に就園していない子どもたちとその子育て中の親子が集まり，交流を深め，子育ての不安や悩みを相談できる場を提供しています。

保育所や幼稚園，公民館や児童館など，地域の身近な場所で同年齢の子どもや異年齢の子どもと触れ合うことによって子どもの発達を促し，その家族と交流をもち育児相談や情報交換ができることは，子育て家族にとって支えとなるとともに，地域のつながりの希薄化も解消されることでしょう。

❷ 療育センター

障害やその心配のある子どもを対象に，早期発見と早期療育，各種療育相談，巡回訪問などを実施し，子どもとその家族を支援するための専門機関です。地域にある他の医療機関や保健福祉センター，児童相談所，保育所，幼稚園，各種団体や関係機関とも連携をとり，地域の療育拠点としての機能を果たしています。[7]

療育センターには，小児科医，看護師，保健師，リハビリテーションスタッフの理学療法士（PT），作業療法士（OT），言語聴覚士（ST），臨床心理士，保育士，ケースワーカーなど専門スタッフがおり，地域の障害のある子どもとその保護者への支援を行っています。療育センターに通い専門家の支援を受けながら保育所や幼稚園に通う場合もあります。

7 小林保子・立松英子『保育者のための障害児療育――理論と実践をつなぐ（改訂版）』学術出版会，2013年。

Episode 2 幼稚園と療育センターの併用

Ｋ君は３歳児健康診査の時に言葉の発達の遅れが顕著であることから，専門機関としての療育センターを紹介され，相談に行きました。結果として自閉スペクトラム症の診断を受けました。最初はとてもショックを受けた母親でしたが，障害を受容し，幼稚園にも通うことを決断したのです。療育センターに週２日，幼稚園に週３日通うことになりました。年中組で入園したＫ君は療育センターと幼稚園での生活が同時に始まりました。当初はどちらに行くのか迷うのではないかと考えていたのですが，Ｋ君の保護者はＫ君の特性でもある視覚的な要素を日常生活のなかにとても上手に取り入れていました。Ｋ君は言葉で説明するよりも，具体的な物を見せることによって気持ちを切り替えることができます。幼稚園に行く日は，朝から幼稚園のカバンを見せると，今日は幼稚園に行く日だということが理解でき，幼稚園に行く気持ちになります。療育センターに行く時は，迎えに来るセンターのバスの写真を見せます。Ｋ君はこのような日常の配慮によって，園と療育センターをしっかりと使い分けて２年間を過ごし，状況や言葉の理解の部分もとても成長していきました。

❸児童発達支援

児童発達支援は「障害児につき，児童発達支援センターその他の厚生労働省令で定める施設に通わせ，日常生活における基本的な動作の指導，知識技能の付与，集団生活への適応訓練その他の厚生労働省令で定める便宜を供与すること」です。[8] 児童発達支援，医療型児童発達支援，放課後等デイサービス，居宅訪問型児童発達支援及び保育所等訪問支援である障害児通所支援と，障害児通所支援を行う障害児通所支援事業があり，集団療育及び個別療育を行う必要があると認められる就学前の障害児を対象とし，その専門機能を活かし地域で生活している障害児やその家族への相談支援，障害児を預かる保育施設等への支援や助言を行っています。

8 児童福祉法第６条の２の２第２項。

❹ 児童相談所

児童相談所における「障害相談」について，児童相談所運営指針第1章第3節では以下のように記載されています。

（2）　障害相談
ア　障害相談は医師の診断を基礎として展開されることが考えられるが，生育歴，周産期の状況，家族歴，身体の状況，精神発達の状況や情緒の状態，保護者や子どもの所属する集団の状況等について調査・診断・判定をし，必要な援助に結びつける。
イ　専門的な医学的治療が必要な場合には，医療機関等にあっせんするとともに，その後においても相互の連携に留意する。
ウ　また，子どものみならず，子どもを含む家族全体及び子どもの所属集団に対する相談援助もあわせて考える。

児童相談所の障害相談には，肢体不自由相談として運動発達の遅れに関する相談，知的障害相談として知的障害児に関する相談，また重症心身障害相談，自閉症等相談，視聴覚障害相談，言語発達障害等相談（構音障害，吃音，失語等音声や言語の機能障害をもつ子ども，言語発達遅滞），発達障害を有する子ども等に関する相談などがあります。保護者は子どもの障害に関する相談がある場合，3歳児健康診査や児童精神科やリハビリテーション科などの受診という選択だけではなく児童相談所への相談という選択肢も考えられます。

❺ 保育所等訪問支援

障害児施設で障害児に対する指導経験のある訪問支援員（児童指導員，保育士，心理担当職員，作業療法士などの医療専門職）が，保育所など障害児が集団生活を営む施設を訪問します。保育の場で障害児本人に対する支援や現場の職員に対する指導や支援を直接行います。保育所や保護者，地域のさまざまな社会資源と連携しながら，障害のある子どもの状態等を踏まえて集団生活適応のための専門的な知識・技術に基づく支援を行うことにより，保育所などの安定した利用を促進することができます。

❻ 居宅訪問型児童発達支援

居宅訪問型児童発達支援とは「重度の障害の状態その他これに準ずるものとして厚生労働省令で定める状態にある障害児であつて，児童発達支援，医療型児童発達支援又は放課後等デイサービスを受けるために外出することが著しく困難なものにつき，当該障害児の居宅を訪問し，日常生活における基本的な動作の指導，知識技能の付与，生活能力の向上のために必要な訓練その他の厚生労働省令で定める便宜を供与すること」です[9]。

➡9　児童福祉法第６条の２の２第５項。

これまでは通所施設の充実をはかり発達支援を行ってきましたが，障害児の居宅を訪問して児童発達支援を提供するサービスが創設されました[10]。このことにより，重度の障害があり外出することが困難で今まで十分な発達支援を受けることができなかった障害児も日常生活における基本的な動作等の支援を受けるなど，児童発達支援を提供することができるようになりました。

➡10「障害者の日常生活及び社会生活を総合的に支援するための法律及び児童福祉法の一部を改正する法律」2016年（2018年４月施行）。

❼ 放課後等デイサービス

放課後等デイサービスとは「学校教育法（昭和22年法律第26号）第１条に規定する学校（幼稚園及び大学を除く。）に就学している障害児につき，授業の終了後又は休業日に児童発達支援センターその他の厚生労働省令で定める施設に通わせ，生活能力の向上のために必要な訓練，社会との交流の促進その他の便宜を供与すること」です[11]。

➡11　児童福祉法第６条の２の２第４項。

学校との連携・協働による支援により，学校通学中の障害児を学校と事業所間の送迎を行ったり，放課後や夏休み等の長期休暇中において，生活能力向上のための訓練等や社会との交流の促進等を継続的に提供することにより，学校教育と相まって障害児の自立を促進し，放課後等の居場所づくりを推進しています。自立した日常生活を送るために必要な訓練や創作的活動，地域交流の機会の提供などを行い，障害児が地域の一員として認められ共に生活していけるよう支援をしていきます。

❽ 障害児入所支援

2011年度まで各障害別に分かれていた障害児入所施設は，従来の事業形態等を踏まえて福祉型障害児入所施設と医療型障害児入所施設の２つの入所施設となりました。福祉型障害児入所施設とは，施設に入所している障害児に対して，保護，日常生活の指導及び知識技能の付与を行います。医療型障害児入所施設とは，施設に入所又は指定医療機関に入院している障害児に対して，保護，日常生活の指導及び知識技能の付与ならびに治療を行います。

身体に障害のある児童，知的障害のある児童又は精神に障害のある児童（発達障害を含む）が対象となり，児童相談所や医師等により療育の必要性が認められた児童も対象となるため，一元化される前の障害種別の施設と同等の支援を確保するとともに，様々な障害や重複障害などにも対応し，その障害に応じた適切な支援を提供します。

Episode 3　「連携が鍵になる育ち」

M君は３歳児健康診査の時に発達障害との診断を受けて，保護者は大きな悩みを抱えながら９月にＳ保育園に相談に来ました。療育センターに行くのは怖い，障害は治らないのか，医療機関に行った方が良いのかなど，今までの悩みを園長と副園長に涙を流しながら吐露しました。Ｓ保育園の入園には特に問題ないと考えていたのですが，自宅近くの園に相談に行ったところ，「座っていられないお子さんは入園が難しい」と言われたとのことで，大きなショックを受けたそうです。

将来を悲観するだけでなく，入園できる園がないのではないかと感じ，いくつかの園に電話をした結果Ｓ保育園にたどり着きました。Ｓ保育園ではすでに専門機関である療育センターとの連携や小学校の入学に関する専門機関や小学校との連携もかなり意識して取り組み，地域との連携も積極的に行っています。そこで，保護者の安心感を育むために，地域の子育て支援拠点を紹介しました。園からは当人のことについて担当者に事情を伝えておきました。子育て支援施設では，さらにつながりのある発達支援センターの紹介，その後障害のあるお子さんを育てている保護者の紹介を受け，新たなつながりを作ることができたのです。

その後Ｓ保育園に入園し，発達支援センターから通園施設としての療育センターにつながり，療育を受けながら園に通うようになりました。並行通園が始まって園と療育センターを活用していましたが，園と療育センターの担当者が入園後に面会を実施しました。その時にM君の発達の姿や見通しなどについて話し合う時間をもつことができました。常に保護者を中心にしながら連携を図っていきました。

結果として保護者の当初の不安は軽減すると共にM君の育ちも，確実なものとなりました。卒園する前には就学する小学校と事前に話し合う時間をもちました。就学相談の結果，特別支援学級に入学することが決まり，交流などを通じて学校生活でも楽しく学習と生活を営んでいます。

この事例は少し長期のものになりますが，保護者が障害があることに対するショックから受け入れるまでの過程から，地域の連携が保護者や子どもの育ちをいかに支えることにつながるかを理解してもらいたいと思います。

Work 1

児童福祉法を参考にして，各施設における支援の目的についてさまざまな視点から話し合いましょう。

3 地域における自治体や関係機関との連携・協働と実際の課題

❶ 幼稚園と児童発達支援センターの連携

Episode 4 わかりやすさを大切に

S市の幼稚園や保育所では児童発達支援センターからの巡回相談が年２回あります。日常生活動作（ADL）や対人関係，コミュニケーション，運動面など園での保育活動に難しさを感じる子どもについて，その状況を事前にお伝えし，療育センターの理学療法士（PT），作業療法士（OT），言語聴覚士（ST），保育士によるアドバイスを受けます。

S市の幼稚園に通っているN君は，５歳児です。知的に高く，表出言語もしっかりしていて文字をすらすらと読むことができます。また，伝記や図鑑などが好きで，難しい言葉や大人びた言葉を話しますが，大人からの話はN君に具体的に伝えないと理解できないことがあります。何かの作業をしていたり集中していたりすると，次に言われたこと（次やるべきこと）を忘れてしまいます。気候や場所による環境の変化が苦手で，屋外の保育活動は暑さや寒さでほとんど参加することができず，園庭やホール内を走り回ったり，大きな声や奇声を上げたりすることもありました。集団行動が苦手で個別に職員がついて一緒に行っていました。

このような子どもの場合，幼稚園と共に児童発達支援センターに通うことがあります。そのような場合，保護者の了承を得てセンターと対象の子どもについて情報交換を行います。家庭と児童発達センターと幼稚園，それぞれ子どもが過ごす場所によって大人のかかわり方が変わらないようしっかりと連絡を取り合い，共通理解を図っています。

Episode 4 の幼稚園では，保護者の了承を得て週に1回並行通園している児童発達センターと情報交換を行っているそうです。主に子どもの ADL（日常生活動作）や，個別の支援計画のなかでどのような部分をねらいとするのか，幼稚園と調整を行います。幼稚園では，園で作成するN君の個別の支援計画に園での情報はもちろんセンターと共有した情報も反映させ，児童発達センターでも，幼稚園でも同じ対応になるように意識しています。担任と支援コーディネーターとで話し合いを重ねて，できる限り関係機関と直接お会いして対話するよう取り組んでいます。

❷ 地域に開かれた障害児支援

厚生労働省の児童発達支援ガイドラインには，「障害のある子どもの地域社会への参加・包容（インクルージョン）を推進するため，児童発達支援センター等は，保育所等の子育て支援機関等の関係機関との連携を進め，地域の子育て環境や支援体制の構築を図るための『地域支援』を行うことが必要である」とあります[12]。近年，社会では障害のある子どもへの参加，インクルージョンの考え方が増えてきています。

➡12　前掲➡5。

今まで施策体系も異なっていたために，お互いの領域に入り込んだ連携や協力もほとんど進められていないのが現状でしたが，「障害のある子どもの発達支援は，子ども本人が支援の輪の中心となり，様々な関係者や関係機関が関与して行われる必要があり，これらの関係者や関係機関は連携を密にし，情報を共有することにより，障害のある子どもに対する理解を深めることが必要である[13]」ともあるように，障害のある子どもがその地域で健全に発達していくために，地域社会への参加とインクルージョンが大切です。そのようなことからも児童発達支援センター等が地域社会から認められることが重要ですが，そのためには，地域社会に対して児童発達支援に関する情報発信を積極的に行うなど，地域に開かれた事業運営を心がけることが求められます。

➡13　前掲➡5。

また，障害のある子どもの保護者同士が抱えている不安や悩みなどを共有したり相談したりできるような交流の場をつくることも求められています。一人で抱え込むのではなく，身近に相談できる相手がいるということも保護者の支えとなるのです。

❸ 障害のある人への合理的配慮

合理的配慮とは，障害のある人に対して過度な負担を課さないように，障害のある人の立場に立って周囲の人や環境を変更させることです。

インクルーシブ教育の核心は，教育を受けることがすべての人々の権利であるということです。すべての子どもが教育を受けることができるように，学習や学校生活をサポートする支援員等を配置する，施設・設備の整備として，歩行や移動が困難な子どものために物的環境を整えスロープやエレベーターをつけ生活しやすい場を整備するなど，子ども一人一人のニーズに合わせた支援を学校などの教育機関だけに限らず地域社会でも提供されるように整備していく必要があります。

❹ 就学に向けて

以前，障害のある子どもは原則として特別支援学校に入学していました。しかし，2006年に国際連合総会で採択され2014年にわが国でも批准された「障害者の権利に関する条約」で，インクルーシブ教育システムの構築がうたわれ，さらに，わが国では2016年４月１日に障害者差別解消法が施行されたことにより選択肢が広がり，障害のある子ども本人と保護者の意向を大事にしながら就学先を決定できるようになりました。

市区町村では子どもの就学先に関する情報を得たり，相談を受け付けていたり，不安を抱えている保護者を支援します。インクルーシブ教育の実現に欠かせない特別支援教育は，子ども一人一人の教育的ニーズを把握して，適切な指導や必要な支援を行うことで，子どもの自立と社会的参加を目指すもので，地域の医療や保健，福祉，労働にかかわる期間などが連携して教育を支えます[14]。障害のある子どもの就学先を決めるために，小学校へ就学する直前に学校選びな

[14] 渡部伸（監修）『障害のある子が将来にわたって受けられるサービスのすべて――備えて安心』自由国民社，2019年。

どをするのではなく，早期から園の保育者や関係機関と就学相談を重ね，子どもに合った学校を選択することが大切です。

さらに，就学予定の学校の職員に子どもの実態を把握してもらうために幼稚園や保育所で保育参観の機会を設けるなど，関係機関と連携を取ることにより就学時だけではなく，就学前から就学後にかけても一貫した支援をとることができます。子どもの日常の様子や園での支援方法などを直接みてもらうことにより，生活の場が小学校に変わっても同じように支援を継続していけるように活かしていきます。

Book Guide 

- **小山望・太田俊己・加藤和成・河合高鋭（編著）『インクルーシブ保育っていいね――一人ひとりが大切にされる保育をめざして』福村出版，2013年。**

  「一人遊びが好きな子ども」，「保護者と園全体で取り組んだ，子どもへのかかわり」，「“そのままの姿”を受けとめるために母親と一緒に考えていく場をつくる」，「子ども同士の気持ちを伝え合う一方的な子の友だちとのかかわり」，「生きた経験から学んでいく保育の力」など多数の事例とともに現場の幼稚園教諭が障がいのある子どもとどのように向き合うか，関係機関とどのように連携するかについて書かれています。
- **小林保子・河合高鋭（監修）『DVD「インクルーシブ保育」』アローウィン，2016年。**

  インクルーシブ保育とは「包括保育」と訳され，全ての子どもを包み込む保育のことをいいます。このような保育では，子どものもつ特徴はさまざまであること，個人差や多様性を認めることを原点としています。多様である一人一人の子どもを大切な存在として，どの子にもうれしい保育，子ども同士が育ちあう保育，それがインクルーシブ保育です。本DVDでは，障害のある子に焦点をあて実際の園での様子を撮影したものです。障害児保育の授業で使用する内容となっています。

Exercise

障害のある子どもが，どのように過ごすことがその子どもにとって良い過ごし方となるのか話し合いましょう。障害種やその程度によって，視点を変えて話し合ってみてください。

また，当事者や保護者の立場になってみたり，園や施設の立場になってみたりすることで，いろいろな視点が見えてくるでしょう。

第 7 章

小学校への接続

就学を迎える年長さんにとって，育ってほしい姿とはどのような姿でしょうか？　この写真から見えてくる「幼児期の終わりまでに育ってほしい姿」とは何か，話し合ってみましょう。

「幼児期の終わりまでに育ってほしい姿」は次の通りです。①健康な心と体，②自立心，③協同性，④道徳性・規範意識の芽生え，⑤社会生活との関わり，⑥思考力の芽生え，⑦自然との関わり・生命尊重，⑧数量や図形，標識や文字などへの関心・感覚，⑨言葉による伝え合い，⑩豊かな感性と表現。

この写真には年長児の後半に自分の意見をしっかり発言する姿があります。子どもの思考力が育まれることによって，人と対話をして物事を決めたりすることが活発に行われます。このような姿は，遊びや生活経験の中から積み重ねられた日常から育ってきます。それは小学校に入学するための準備ではなく，10の姿を象徴として育ってくるものです。小学校には園での育ちをしっかり伝えることが必要です。

小学校への就学は，すべての子どもと保護者の心を揺るがす出来事です。障害のある子どもとその保護者にとってはなおさらでしょう。そうした子どもや保護者を力強く支えるために，保育者も，小学校での特別支援教育[1]や，小学校との連携活動や引き継ぎについて理解しておく必要があります。

1　小学校における特別支援教育の推進

2018年４月より新しい幼稚園教育要領，保育所保育指針，幼保連携型認定こども園教育・保育要領が施行されていますが，小学校においても，2020年４月より，改訂された学習指導要領が実施されています。以下，①障害に応じた指導内容や指導方法の工夫，②個別の教育支援計画と個別の指導計画のさらなる活用，③特別支援学級や通級による指導における自立活動の設定に着目し，順に説明します。

❶ 障害に応じた指導内容や指導方法の工夫

新しい学習指導要領は，すべての教科について「障害のある児童などについては，学習活動を行う場合に生じる困難さに応じた指導内容や指導方法の工夫を計画的，組織的に行うこと」としました。これまでは，指導上の工夫をしない（あるいはできない）状況も許容されていましたが，新しい学習指導要領解説では，具体的な指導上の工夫を教科ごとに示しました。つまり，すべての教員がそうした工夫を案出していくことを強く求めているということです。

以下は，国語における配慮の一例です[2]。

> 文章を目で追いながら音読することが困難な場合には，自分がどこを読むのかが分かるように教科書の文を指等で押さえながら読むよう促すこと，行間を空けるために拡大コピーをしたものを用意すること，語のまとまりや区切りが分かるように分かち書き[3]されたものを用意すること，読む部分だけが見える自助具（スリット[4]等）を活用することなどの配慮をする。

➡1　特別支援教育
障害のある幼児児童生徒の自立や社会参加に向けて，生活や学習上の困難の改善または克服を目指し，適切な指導及び必要な支援を行うものです。2007年４月から，すべての学校において特別支援教育が実施されています。

➡2　文部科学省「小学校学習指導要領解説　国語編」2017年。

➡3　分かち書き
文をある単位で区切って，その間に空白を置くことです。「わたしはげんきです」は「わたしは　げんき　です」のように区切ります。区切る単位は，単語や文節などです。読解を容易にするための手立ての一つです。

➡4　スリット
スリットは細いすき間という意味です。読む部分だけが見える自助具（生活動作を助ける福祉機器）ですが，たとえば，色のついたクリアホルダーなどを適当なサイズに切り，その上部に細いすき間（スリット）をあけます。その自助具を文章の上に置くと，細いすき間の部分だけがよく見えるので，その部分を読むことが容易になるというわけです。

学習指導要領解説にすべての工夫を掲載することは不可能ですので，目の前の子どもに適した支援は，校内委員会[5]や特別支援教育コーディネーター[6]と情報を共有しながら，教員が見出していかなければなりません。障害に応じた指導上の工夫は，限られた教員が担う特殊な支援ではなく，すべての学級のすべての教員が自覚的に主体的に提供することとなったのです。

❷ 個別の教育支援計画と個別の指導計画のさらなる活用

個別の教育支援計画は，障害のある子どもを生涯にわたり継続的に支援するために，教育機関が中心となり，医療，福祉，家庭等と連携して作成します。また，学校での支援に特化し，教科ごとの支援の手立てや支援の経過を記述したものが個別の指導計画です[7]。

今回の改訂により，特別支援学級に在籍する児童や通級による指導を受ける児童のすべてについて，個別の教育支援計画と個別の指導計画を作成し活用することが義務づけられました。通常学級に在籍する障害のある児童については，以上の２種の計画の作成に努めることとされています。

なお，幼稚園，保育所，認定こども園も，必要に応じて上記の２種の計画を作成します。小学校での教育支援計画の作成にあたっては，就学前の計画が役立つはずです。就学後に確実に手渡していくことを想定しながら，計画を作成していきたいと思います。

❸ 特別支援学級や通級による指導における自立活動の設定

特別支援学級および通級による指導において，自立活動[8]を取り入れることが，新たに義務づけられました。特別支援学校小学部・中学部学習指導要領は，自立活動の内容として「1　健康の保持」（5項目），「2　心理的な安定」（3項目），「3　人間関係の形成」（4項目），「4　環境の把握」（5項目），「5　身体の動き」（5項目），「6　コミュニケーション」（5項目）の6区分27項目をあげています。

自立活動は，障害による学習上または生活上の困難を主体的に改善・克服していくために，6区分27項目の中から必要な項目を選定して組み立てられます。「3　人間関係の形成」と「6　コミュニケーション」に課題がある場合，たとえば，2人組などで種々の

➡5　校内委員会
特別な教育的支援を必要とする幼児児童生徒に対して，組織的に対応するために設置される委員会です。支援を必要とする子どもに気づき，子どもの実態把握を行い，具体的な支援を検討します。支援の具体化に際して，学外の巡回相談員や専門家チームを活用することもあります。

➡6　特別支援教育コーディネーター
学校内の関係者や外部の関係機関との連絡調整，保護者に対する相談窓口，担任に対する支援，校内委員会の運営や推進といった役割を担います。各学校の実情に応じて，教頭，教務主任，生徒指導主事，養護教諭，特別支援学級担当教諭，通級指導教室担当教諭などが指名されます。

➡7　「個別の教育支援計画」「個別の指導計画」については，本書第9章を参照してください。

➡8　自立活動
障害のある幼児児童生徒においては，その障害によって，日常生活や学習場面においてさまざまな困難が生じます。そこで，系統的，段階的に構成された教科に加えて，「自立活動」を設定し，困難を改善・克服するために必要な知識，技能，態度及び習慣を養い，もって心身の調和的発達の基盤を培うことを目指しています。

ゲームに取り組みながら，対人的なやりとりに必要とされるスキルの習得を目指すといった実践が展開されます。

2　小学校における特別支援教育の実際

❶ 特別支援教育体制の現状

小学校における特別支援教育実施の責任者は校長です。校長は，校内委員会を設置して，特別支援教育コーディネーターを指名しなければなりません（図７－１）。校内委員会は，特別支援教育コーディネーター，校長，教頭，学年主任，学級担任，特別支援学級教員などから構成され，子どもの実態把握や支援策の検討などを行います。そして，特別支援教育コーディネーターは，保護者や関係機関（福祉，医療など）に対する学校の窓口であり，校内の関係者と校外の関係者や関係機関との連絡調整を担います。

特別支援教育体制の整備状況に関する2017年度調査[9]の結果を図７－２に示します。小学校の実施率をみますと，校内委員会は99.4％，特別支援教育コーディネーターは99.3％，個別の指導計画は98.9％，個別の教育支援計画は94.1％と，いずれも高い値です。図７－２は国立，公立，私立の施設・機関を含む集計ですが，公立に限定した場合，小学校の校内委員会と特別支援教育コーディネーターの実施率は100％です。しかし，校内委員会を設置していたとしても，委員会の開催回数や検討内容は学校間で差があることが指摘されており[10]，特別支援教育に対する管理職（校長や教頭など）の意識の違いが，そうした学校間の差を生み出す一因のようです。小学校における特別支援教育は，実施率についてはある程度達成されましたので，これからは具体的な中身，つまり支援の質を追究する段階に至ったといえるでしょう。

➡9　文部科学省「平成29年度　特別支援教育体制整備状況調査結果について」2018年，http://www.mext.go.jp/a_menu/shotou/tokubetu/__icsFiles/afieldfile/2018/06/25/1402845_02.pdf（2020年１月31日閲覧）。

➡10　石塚謙二「これからの特別支援教育に期待すること――変わったこと・変わらないことを見据えながら」『こころの科学』163，日本評論社，2012年，pp. 19-23。

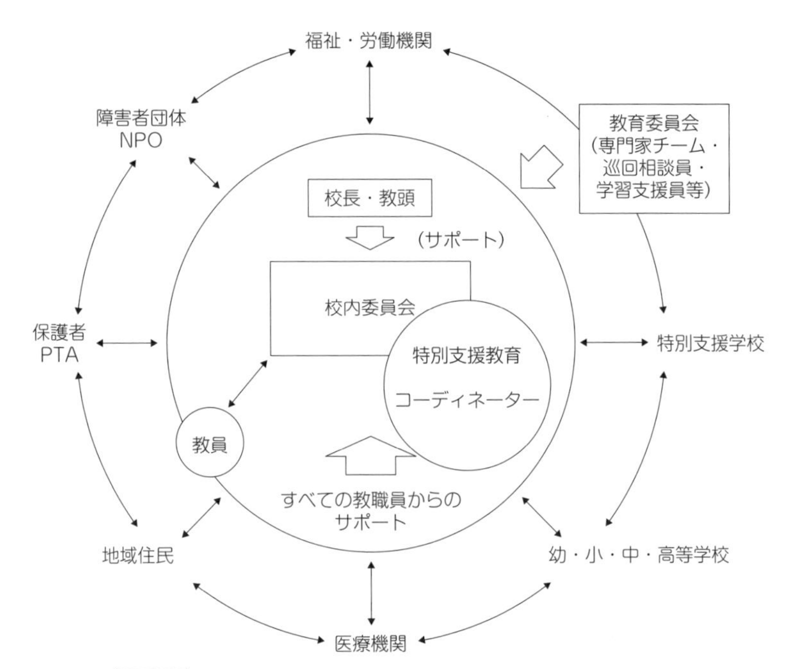

図7-1　校内委員会と特別支援教育コーディネーターの役割

出所：相澤雅文・清水貞夫・三浦光哉（編著）『必携特別支援教育コーディネーター』クリエイツかもがわ，2007年，p.18をもとに作成。

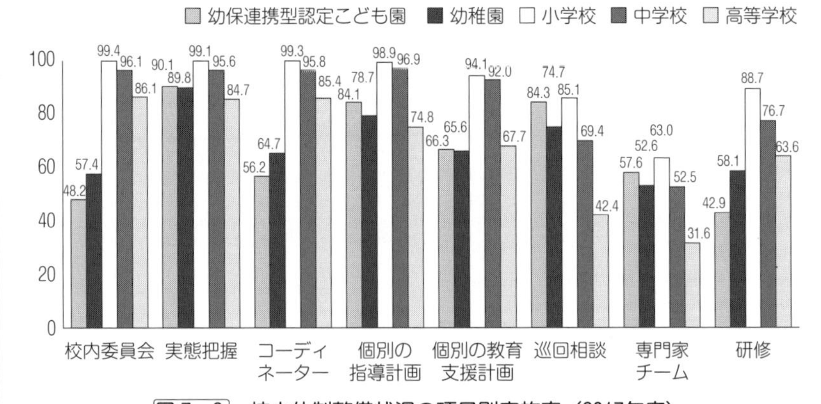

図7-2　校内体制整備状況の項目別実施率（2017年度）

出所：文部科学省「平成29年度　特別支援教育体制整備状況調査結果について」2018年をもとに作成。

❷ 特別支援学級について

特別支援学級は，小学校に置かれる少人数の学級（8人を上限）で，知的障害，肢体不自由，病弱・身体虚弱，弱視，難聴，言語障害，自閉症・情緒障害の7種があります。通常学級では十分な学習の達成が難しい場合，特別支援学級において一人一人の障害に応じた教育を受けることができます。

特別支援学級は，個別支援学級，なかよし学級，わかくさ学級など，地域や学校によってさまざまに呼ばれているようです。多くの場合，通常学級との交流があり，音楽，体育，生活などでの共同学習のほかに，給食や行事，高学年での児童会やクラブ活動なども一緒に取り組みます。

そして，みなさんに知っておいていただきたいのですが，就学の時に選択した学習の場は，子どもの発達や適応の状況などを踏まえて，変更することができます。つまり，小学校生活を送る過程で，特別支援学級から通常学級へ変わることもできますし，その逆も可能です。就学のときの選択がその後のすべてを決定するということはありませんので，必要に応じて，そうした情報も周囲に提供していただきたいと思います。

❸ 通級による指導について

通常学級で教科などを学びながら，週に１回程度，障害に応じた特別な指導を通級指導教室で受ける教育形態です。通級による指導の対象は，言語障害，自閉症，情緒障害，弱視，難聴，学習障害，注意欠陥多動性障害，肢体不自由，病弱および身体虚弱を有する子どもです。

自身が通学する学校に設置された教室に通う「自校通級」，他校に設置された教室に通う「他校通級」，通級指導教室の担当教員が他校を巡回して行う「巡回による通級」の３種があります。他校通級の場合は，子どもが一人で移動するか，保護者が送迎を担当します。教室の設置状況は，自治体によってさまざまです。本制度は，通常学級に在籍する子どもが対象ですので，特別支援学級に在籍する子どもが通級制度を利用することはできません。

3　小学校就学までの１年間の流れ

小学校就学を支援する制度や活動として，①就学相談（６月頃から12月頃まで），②就学時健康診断（10，11月頃），③年長児を迎える会（10月頃から３月頃まで），④要録の作成と引き継ぎ（２，３月頃）

を取り上げ，順に説明していきます。

❶ 就学相談（6月頃から12月頃まで）

自治体により，就学時教育相談，就学相談会などの呼称がありますが，本章ではまとめて「就学相談」と表記します。就学相談とは，特別な支援を必要とする子どもにとってもっとも望ましい就学先を選択することを目指し，就学相談の担当者[11]が保護者の相談を受け，保護者と協議する制度です。

就学相談には，教育センターや福祉センターなどで就学相談会を開催し，事前に申し込みをした保護者（と子ども）が会場に赴き，担当者と協議する場合と，就学相談担当者が対象の子どもが在籍する園に伺い，行動観察を行った後，来園した保護者と協議する場合とがあるようです。

就学先として，特別支援学校，特別支援学級，通常学級および通級による指導，通常学級のいずれかを選択するのですが，本人や保護者の意見を尊重しながら，本人や保護者，市町村教育委員会，学校などが丁寧に合意形成を行い，最終的には市町村教育委員会が決定することが適当である[12]とされています。その決定を担うのが，市町村教育委員会に設置されている就学支援委員会（就学指導委員会[13]）です。就学先は，障害の状態，本人の教育的ニーズ，本人や保護者の意見，教育学，医学，心理学など専門的見地からの意見，学校や地域の状況などから総合的に検討されます。就学相談は，保護者と担当者がそうした情報をやりとりする貴重な機会です。

保育者は，自身が勤務する園を管轄する自治体の就学相談の仕組みや実施時期を把握しておく必要があります。基本的に，就学相談には事前の申し込みが必要ですから，いつの間にか申し込み期限を過ぎてしまい，必要な相談を受けることができなかったという事態は避けましょう。そして，保護者に対する就学相談の提案は，十分な配慮のもとに行いましょう。

❷ 就学時健康診断（10，11月頃）

就学時健康診断（就学時健診と略されます）は学校保健安全法（第11条）に定められており，自治体に実施義務があります。実施時期

➡11 就学相談の担当者
自治体によって異なりますが，小学校教員経験者や種々の心理士などが担当します。

➡12 文部科学省「初等中等教育分科会（第80回）配付資料 資料1 特別支援教育の在り方に関する特別委員会報告1」2012年，http://www.mext.go.jp/b_menu/shingi/chukyo/chukyo3/siryo/attach/1325881.htm（2020年1月31日閲覧）。

➡13 就学支援委員会（就学指導委員会）
自治体によって異なりますが，幼稚園園長，保育所所長，小学校校長や教員，特別支援学校教員，指導主事，就学相談専門員，医療，福祉，心理の専門家などから構成されます。

や内容は自治体によって違いがありますが，基本的には就学前年の11月末までに実施され，就学する予定の小学校に，年長児と保護者が赴いて受診します。

就学時健康診断と入学説明会とを併せて実施する自治体もあります。その場合，年長児は保護者と離れ，小学生に案内されながら健康診断に向かい，保護者は体育館などに集合して，校長，教頭，１年生学年主任などから，小学校就学に向けての心構えや準備物などの説明を受けます。入学説明会を単独で実施する場合は，就学年の１月から２月に行われることが多いようです。

さて，就学時健康診断や入学説明会を機に，小学校就学に焦りを感じ始める保護者がいることは，ある程度想像できるのではないでしょうか。年長児保護者を対象に，「就学時健康診断または入学説明会に参加した後の小学校入学に対する自身の気持ち」を質問紙調査で尋ねたところ，図７－３のような結果が得られました。安心した保護者が約４割という結果は心強いことですが，その一方で，どちらともいえない，つまり決して安心できたとはいえない保護者が約５割，より不安になった保護者は約１割でした。表７－１に，保護者の不安の内容を抜粋してまとめました。こうした保護者の種々の不安を，私たちは知っておきたいと思います。

表７－１の下部にある〈就学時健康診断と入学説明会を受けて〉

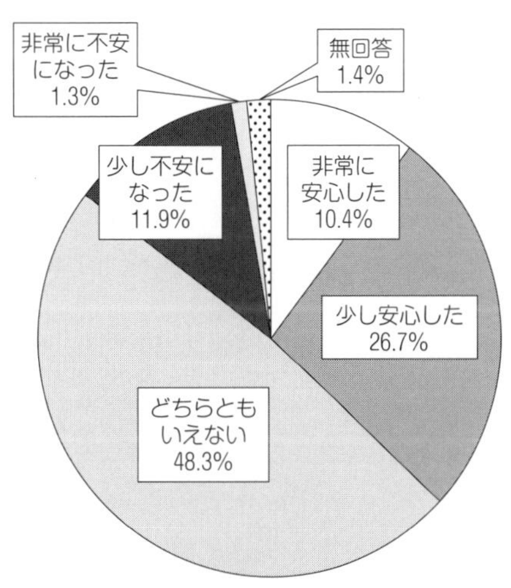

図７－３　就学時健康診断後の就学に対する保護者の思い

出所：滝口圭子「幼児教育と小学校教育の接続期に求められる支援の縦断的追究――幼小の段差の克服の過程」（科学研究費助成事業研究成果報告書）2018年をもとに作成。

表7-1 就学時健康診断後の保護者の不安の内容

〈勉強〉 ・勉強がちゃんとできるか ・授業についていけるか
〈学校生活〉 ・まわりの子に迷惑をかけることなく授業が受けられるか ・落ち着きがないため，学校生活になじめるのか不安になった
〈友だち関係〉 ・みんなと仲よくできるか ・同じ幼稚園から同じ小学校に行く子がいないので
〈給食〉 ・給食を学校で指定された20分で食べ終えられるのか ・給食を時間内に好き嫌いないように食べなくてはならない，練習しておいてくださいと言われ「うちの子はダメだ……」と思った
〈登下校〉 ・登下校がちゃんとできるか ・一人での登下校を想像して不安になった
〈就学前後の生活の違い〉 ・保育所で自由に過ごしてきたので，規則の厳しい小学校での生活をちゃんと送れるか不安 ・幼稚園生活とはまったく違う環境のように感じたので，その変化に対応できるかが不安に思った
〈放課後〉 ・下校後，帰ってきてからのこと ・学童に入れないかもと言われ不安になった
〈就学時健康診断と入学説明会を受けて〉 ・入学までにできるようになってほしいことを色々言われ（時計を読めるように，平仮名が全部書けるようになど），できていないことがたくさんあったので，不安になった ・学校側のメッセージがあまり伝わらず，子どもたちが自分の考えをもてる（言える）ような教育をしてもらえるのかどうか，不安を感じた

出所：滝口圭子「幼児教育と小学校教育の接続期に求められる支援の縦断的追究――幼小の段差の克服の過程」（科学研究費助成事業研究成果報告書）2018年をもとに作成。

に分類された保護者の不安からは，小学校に対する不信の芽生えが読み取れます。「入学までにできるようになってほしいこと」の内容は，小学校校長が決定することが多く，小学校によって異なります。平仮名の習得では，「自分の名前が読めるように」という小学校から「平仮名が全部書けるように」という小学校まで幅広いのですが，後者の要望に直面した保護者の不安は計り知れません。この点については，後ほど改めて触れます。子どもと保護者の支援者は，保護者の不安を受け止めながら，園や家庭で取り組めることを共に考え，また小学校に対する不信を和らげていけるようにかかわっていく必要があるでしょう。

❸ 年長児を迎える会（10月頃から３月頃まで）

年長さんを迎える会，年長児さんとの交流会などと称されることもあります。翌年４月に入学を控える年長児を小学校に招き，多くの場合，小学校１年生が迎えます。年長児とその保護者が個別に参加することもありますし，小学校の近隣にある園の年長児が全員招待され，保育者が引率して参加することもあります。

年長児を迎える会の内容も，１年生が年長児に歌やダンスを披露したり，クイズをしたり，教科書の音読や縄跳びを実演したり，校内を案内したり，お店屋さんを開いたりと多様です。年長児や１年生の人数が少ない場合は，全員で鬼ごっこやドッジボールをするなど，より対等な立場で遊ぶこともあります。いずれにせよ，小学校に足を運ぶ貴重な機会ですので，園としても積極的に活用しましょう。慣れない場所での慣れない活動に対して，子どもが混乱することが想定される場合は，保育者は，小学校関係者と可能な範囲で協働しながら，計画的に準備を進めていきましょう。

❹ 要録の作成と引き継ぎ（２，３月頃）

幼稚園幼児指導要録，保育所児童保育要録，幼保連携型認定こども園園児指導要録がありますが，ここではまとめて「要録」とし，小学校への引き継ぎに焦点を当て，年長児年度末の要録作成に限定して説明します。表７-２は保育所児童保育要録の様式の例です。

要録は，年長児１年間の保育の過程や子どもの育ちを記録し，小学校に伝えていくためのものです。小学校教員にとっては，初めて出会う子どもとかかわる上での手がかりとなります。特別な支援については，表７-２の「特に配慮すべき事項」欄や，場合によっては「保育の展開と子どもの育ち」欄に記載しましょう。子どもが抱える困難のみならず，保育者が現場で確かめてきた支援も具体的に記述します。たとえば，「クラス全体に対する指示を理解することが難しい」という課題の後に，「クラス全体に対する指示の後，再度個別に説明したり，写真や図などの視覚的な資料を活用したりすると，理解することができる」といったように記述します。すべての支援を書き留めることはできませんので，本当に必要であると思

表７－２ 保育所児童保育要録（保育に関する記録）の様式の参考例

本資料は，就学に際して保育所と小学校（義務教育学校の前期課程及び特別支援学校の小学部を含む。）が子どもに関する情報を共有し，子どもの育ちを支えるための資料である。

<table>
<tr><td colspan="2">ふりがな</td><td></td><td>保育の過程と子どもの育ちに関する事項</td><td>最終年度に至るまでの育ちに関する事項</td></tr>
<tr><td colspan="2">氏名</td><td></td><td rowspan="2">（最終年度の重点）</td><td rowspan="9"></td></tr>
<tr><td colspan="2">生年月日</td><td>年　　月　　日</td></tr>
<tr><td colspan="2">性別</td><td></td><td rowspan="2">（個人の重点）</td></tr>
<tr><td colspan="3">ねらい
（発達を捉える視点）</td></tr>
<tr><td rowspan="3">健康</td><td colspan="2">明るく伸び伸びと行動し，充実感を味わう。</td><td rowspan="14">（保育の展開と子どもの育ち）

（特に配慮すべき事項）</td></tr>
<tr><td colspan="2">自分の体を十分に動かし，進んで運動しようとする。</td></tr>
<tr><td colspan="2">健康，安全な生活に必要な習慣や態度を身に付け，見通しをもって行動する。</td></tr>
<tr><td rowspan="3">人間関係</td><td colspan="2">保育所の生活を楽しみ，自分の力で行動することの充実感を味わう。</td></tr>
<tr><td colspan="2">身近な人と親しみ，関わりを深め，工夫したり，協力したりして一緒に活動する楽しさを味わい，愛情や信頼感をもつ。</td></tr>
<tr><td colspan="2">社会生活における望ましい習慣や態度を身に付ける。</td><td rowspan="10">幼児期の終わりまでに育ってほしい姿
※各項目の内容等については，別紙に示す「幼児期の終わりまでに育ってほしい姿について」を参照すること。
健康な心と体
自立心
協同性
道徳性・規範意識の芽生え
社会生活との関わり
思考力の芽生え
自然との関わり・生命尊重
数量や図形，標識や文字などへの関心・感覚
言葉による伝え合い
豊かな感性と表現</td></tr>
<tr><td rowspan="3">環境</td><td colspan="2">身近な環境に親しみ，自然と触れ合う中で様々な事象に興味や関心をもつ。</td></tr>
<tr><td colspan="2">身近な環境に自分から関わり，発見を楽しんだり，考えたりし，それを生活に取り入れようとする。</td></tr>
<tr><td colspan="2">身近な事象を見たり，考えたり，扱ったりする中で，物の性質や数量，文字などに対する感覚を豊かにする。</td></tr>
<tr><td rowspan="3">言葉</td><td colspan="2">自分の気持ちを言葉で表現する楽しさを味わう。</td></tr>
<tr><td colspan="2">人の言葉や話などをよく聞き，自分の経験したことや考えたことを話し，伝え合う喜びを味わう。</td></tr>
<tr><td colspan="2">日常生活に必要な言葉が分かるようになるとともに，絵本や物語などに親しみ，言葉に対する感覚を豊かにし，保育士等や友達と心を通わせる。</td></tr>
<tr><td rowspan="3">表現</td><td colspan="2">いろいろなものの美しさなどに対する豊かな感性をもつ。</td></tr>
<tr><td colspan="2">感じたことや考えたことを自分なりに表現して楽しむ。</td></tr>
<tr><td colspan="2">生活の中でイメージを豊かにし，様々な表現を楽しむ。</td><td></td></tr>
</table>

出所：厚生労働省「保育所保育指針の適用に際しての留意事項について」（子保発0330第２号）2018年，https://www.mhlw.go.jp/file/06-Seisakujouhou-11900000-Koyoukintoujidoukateikyoku/0000202912.pdf（2020年１月31日閲覧）。

われる情報を精選して，記しましょう。

さて，要録は作成して終わりではなく，小学校に確実に手渡していかなければなりません。幼稚園（公私），保育所（公私），認定こども園（公私）を対象に2018年に実施された全国調査[14]の結果，９割の施設・機関が小学校に要録を送付していました。また，2012年の調査[15]では，７割の施設・機関が，要録の内容について小学校に補足説明する場があると回答しました。特別な支援を必要とする子どもについては，要録に基づく丁寧な引き継ぎが必須です。たとえば，小学校１年生担任，養護教諭，教頭，校長などが来園し，子どもの様子を参観した後に要録内容について協議をすることもあります。また，要録に加え，自治体が作成した引き継ぎシートや個別の支援計画などに基づいて情報交換をすることもあるでしょう。小学校側に個別に情報を伝える上では，保護者から，あらかじめ了承を得る必要があることを忘れてはなりません。小学校に伝える内容についても，できれば保護者と一緒に，事前に協議を重ねておきましょう。

➡14　ベネッセ教育総合研究所「第３回幼児教育・保育についての基本調査」2019年，https://berd.benesse.jp/jisedai/research/detail1.php?id =5444（2020年１月31日閲覧）。

➡15　ベネッセ教育総合研究所「第２回幼児教育・保育についての基本調査」2013年，https://berd.benesse.jp/jisedai/research/detail1.php?id =4053（2020年１月31日閲覧）。

4　就学を前に保護者と向き合い支えるために

❶ 保護者に就学に関する情報を提供するとき

先にも触れましたが，年長児の保護者に対して，就学相談を含む特別支援に関する情報を提供するときに留意することを考えてみましょう。

Work 1

年長児クラスのＡ児は，集団活動の際に，所定の位置に座り続けることが難しく，保育者が絵本の読み聞かせをしているときに，クラス内を立ち歩くことがあります。医師の診断は受けていません。保育者の加配[16]も受けていません。Ａ児のお母さんと園との関係は良好で，Ａ児が年少児クラスのときから頻繁に情報交換をしています。あなたは担任として，７月に開かれる就学相談のことをＡ児のお母さんに伝えたいと思っています。その場合，どのようなことに気をつける必要があるでしょうか。自身の考えをノートに書き出し，その後，グループごとに話し合いましょう。

➡16　保育者の加配
保育所の子どもが特別な支援を必要とする場合，保育士をさらに配置する制度です。保育所を対象とする厚生労働省の事業ですが，幼稚園を対象とする加配制度を整えている自治体もあるようです。

まず，保育者が担うのは情報提供であり，就学相談への参加を強要する立場ではないという自覚をもちましょう。就学相談を活用するかどうかは保護者が選択することです。場合によっては，保護者が提案を受け入れず，「せっかく教えてあげたのに，あの保護者はわかっていない」といらだちを覚えることもあるかもしれませんが，保護者の選択を尊重しましょう。そして，保護者の「助けてほしい」「背中を押してほしい」というサインを待ち，見逃さず，それぞれのタイミングで就学支援につなげたいと思います。

次に，情報提供の仕方ですが，まず，園生活での子どもの素敵な姿を伝え，その後で就学相談の話をするのはいかがでしょうか。そして，最後にもう一度，子どもの格好いい姿を語り合って終わります。子どもの成長を分かち合うやりとりを前後に置くことで，保護者の不安をあおることを避け，就学相談は子どもと保護者を支える手段の一つであるということを認識していただきたいと思います。子どもの課題を理解している（ように見える）保護者であっても，不安と隣り合わせの毎日です。要件のみの伝達ではなく，子どもの未来を語り合うという気持ちを忘れずにいたいと思います。

最後に，日頃から保護者との関係を丁寧に培うことを心がけましょう。毎日の登降園時のやりとりや連絡帳などを通して，信頼関係を確かなものにしていきましょう。普段はやりとりがほとんどないのに，いきなり就学相談のことを伝えられたとしたら，保護者はどのような気持ちになるでしょうか。保育者を信頼していればこそ，できれば避けたい話題であったとしても，立ち止まって耳を傾ける気持ちになるのではないかと思います。

❷ 保護者から就学に関する相談を受けたとき

先にも述べたように，秋の就学時健康診断を受けた後に，就学に対する不安が増す保護者も存在します。

Work 2

配慮を必要とする年長児クラスのB児は，小学校の通常学級に就学する予定です。11月の就学時健康診断に参加した後，B児のお母さんから「小学校入学までに，今できることをしておきたいんです。平仮名の練習をさせたいのですが，本人は嫌がってなかなか取り組まなくて……」という相談を受けました。あなたは担任として，どのように関わることができるでしょうか。自身の考えをノートに書き出し，その後，まわりの人と話し合いましょう。

まずは，保護者の不安に耳を傾け，受け止めましょう。そして，保護者の本当の願いはどこにあるのかを探りましょう。Work 2の保護者の本当の願いとは，一体どのようなことでしょうか。もしかしたら，平仮名を書けることそのものではないのかもしれません。小学校生活を幸せに送ることかもしれませんし，その後の人生を本人らしく歩むことかもしれませんし，別のことかもしれません。保育者は，保護者が言葉で表現することができる不安と，ともすると保護者自身も自覚することが難しい深層に横たわる願いの両方を捉え，不安を受容しながら，本当の願いについて語り合いたいと思います。

次に，平仮名の書字についてです。就学を前にして，平仮名の書字の習得に焦る保護者は少なくありません。しかし，平仮名を書くことは，音韻認識[17]や視覚認知[18]に加え，視覚と運動の協応[19]を必要とする難しい課題です[20]。そうした課題をこなすためには，認知や運動の機能の発達が不可欠であり，発達を待たずして困難な課題に取り組むことは，ときには有害です。そうした困難な課題を，園でも家庭でも強要されることで子ども自身が追い詰められ，精神的に不安定になり，自傷[21]や他害[22]につながる事例も少なくありません。そこで，たとえば，平仮名の書字は私たちが思っている以上に難しい活動であることや，就学準備として自分の名前を平仮名で読むことのみを求める小学校もあることを伝え，鉛筆ではなく子どもが持ちやすい太さのマーカーなどを使うこと，平仮名ではなく直線や曲線，丸などの図形をなぞること，平仮名ではなく自由に絵を描くこと，絵本の読み聞かせをすることなどを提案してみてはいかがでしょうか。

➡17　音韻認識
言葉の音に注意を向けて操作する能力のことで，「くるま」の最後の音が「ま」であると理解することができます。この力により，しりとりや回文などを楽しむことができるようになります。音韻意識とも呼ばれます。

➡18　視覚認知
目で見た対象を色や形から把握し，把握した情報を正確に思い出す能力のことです。この力により，図形を模写することができます。

➡19　視覚と運動の協応
協応とは複数の機能が連動して働くことです。平仮名の書字でいえば，視覚的に思い描いた平仮名の形状の通りに，筆記用具を持った手腕を適切に動かすことになるでしょう。

➡20　郡司理沙・勝二博亮「幼児におけるひらがな書字習得に関わる認知的要因」『LD研究』24，2015年，pp. 238-253。

5　小学校との接続期の「今」を生きるために

最後に，小学校（とその後）を見すえて，小学校との接続期にあたる年長児期をどのように過ごすことが望ましいのかについて考えてみましょう。

➡21　自傷
自分で自分の体をわざと傷つけることです。子どもの場合は，自分の頭を叩く，自分の頭を壁や地面にぶつける，自分の手や腕などを噛むなどがみられます。

➡22　他害
　他児の心身などを傷つけることです。子どもの場合は，他児を蹴る，叩く，突き飛ばす，噛むなどがみられます。

➡23　滝口圭子「幼児教育と小学校教育の接続をいかに支援するか」『COC Reports 2016（金沢大学COC事業）』金沢大学，2016年，p. 10。

❶ 小学校１年生の担任からのメッセージ

　幼児期，特に年長児期に経験しておきたいことについて，保育関係者，小学校関係者，中学校関係者とともに話し合ったときに，小学校１年生を担任している教員が「一生懸命遊ぶ経験」や「遊びを通して友達と協力する経験」をたっぷりしてきてほしいと発言されたこと[23]が忘れられません。そうした経験が豊富な子どもは，比較的早く小学校生活に慣れ，学校生活を楽しんでいるとのことでした。

　幼児は遊びながら学ぶ存在です。友達と遊びながら他者という存在を，具体物で遊びながら事物の仕組みや因果関係を知り，身体の使い方，道具の使い方，他者との交渉の仕方，感情の制御の仕方，時間的な見通しの持ち方など，それは多くのことを学んでいます。さらに，生きることは楽しいという実感，自分は生きているという手応えも得ているのであり，そうした学びの機会を年長児から取り上げ，小学校１年生の準備にあてることの意味については，客観的に検証していく必要があるでしょう。年長児期は小学校教育の準備のためにあるのではありません。小学校以降も続く長い人生の礎を築く，かけがえのない時期です。年長児期を，小学校のためではなく，年長児として精一杯生ききること，そのことこそが，本当の意味での幼小接続を支えるのだと思います。

❷ 椅子に座ることと鬼ごっこをすることと

　小学校では椅子に座って授業を受けます。そのため，小学校就学の準備として一定時間，静かに椅子に座ることができるように練習をする園も存在します。その練習は果たして有効なのでしょうか。

　安定した座位姿勢の維持には，胴体部分の筋肉を必要とします。東京都内の複数の小学校が，生徒の胴体部分の筋肉を鍛えることを目指し，授業の始めと終わりに姿勢を意識しながら挨拶をするプログラムA，朝の時間にこおり鬼やしっぽ取り，ケンケン相撲やＳケンをするプログラムB，朝の会などでタオルを使った体操をするプログラムCを，４月から７月まで実施しました。その結果，すべてのプログラムにおいて，よい座位姿勢の児童が増加しました[24]。以上の結果を踏まえますと，特に就学前においては，椅子に座る練習を

➡24　東京都教職員研修センター「子供の体幹を鍛える研究――正しい姿勢のもたらす教育的効果の検証」『東京都教職員研修センター紀要』13，2014年，pp. 141-162。

することよりも，鬼ごっこやケンケンを楽しむことの方が胴体部分の筋肉の使用を促し，結果的に椅子に姿勢よく座ることにつながるといえそうです。遠回りであるようにも思えますが，小学校就学を見すえるからこそ，年長児期の「今」しかできない経験を，遊びを通して保証する必要があるといえるでしょう。

❸ 私たちは愛される価値のある人間である

配慮を必要とする子どもの場合，学校での授業以外の時間，たとえば，登下校，トイレ，休み時間，着替え，給食，掃除などの過ごし方について考えておくことも大切です。教員の目が届きにくく，また，比較的自由に過ごせる時間帯ですので，子ども自身が困ることも起こりがちです。具体的にどのようなことに困る可能性があるのか，そして，困ったときにはどうすればよいのかについて，子どもや保護者と一緒に確認していきましょう。その際に，写真や絵を用いて小学校生活を紹介している資料[25]を活用してもよいかもしれません。

そして「自分は，（あれはできないけど）これはできる！」「失敗しても大丈夫，失敗したらもう１回！」と思えること。「自分はまわりから受け入れられている」「愛される価値のある存在である」と感じられること。そうした人としての根っこを太く長く持つ子どもは，小学校生活はもちろん，その後も続く長い人生において，何度転んでも立ち上がり，歩を進めていくことができると信じます。保育者は，その事実を，誰よりも強く信じる存在でありたいと思います。

➡25　笹森洋樹・冢田三枝子・栗山八寿子（編著）『写真でわかる はじめての小学校生活』合同出版，2014年。
川島敏生『１ねん１くみの１にち』アリス館，2010年。

Book Guide 

・佐藤曉・堀口貞子・二宮信一（編著）『保幼-小が連携する特別支援教育――就学準備→通学のサポート実務百科』明治図書出版，2008年。

本書は，保育者，小学校教員，保護者は対等な存在なのだという理念に貫かれています。保育所・園，幼稚園から小学校への連携事例も豊富です。初版後10年を経ますが，その内容は色あせません。巻末の引き継ぎシート作成例や保幼-小連携のためのチェックリストも必見です。

・内山登紀夫（監修），温泉美雪『「発達障害？」と悩む保護者のための気になる子の就学準備』ミネルヴァ書房，2015年。

保護者が対象ですが，保育者や小学校教員にも有用です。15件の保護者の不安・疑問と疑問に対する回答で構成されています。15件のうち８件は就学まで，７件は就学後の疑問です。疑問も回答も具体的かつ実践的で，保護者がどのようなことに悩んでいるのかを知ることができます。

・笹森洋樹・家田三枝子・栗山八寿子（編著）『写真でわかる はじめての小学校生活』合同出版，2014年。

就学前（就学時健診，学校説明会など）から，小学校の生活（登校，休み時間，給食，トイレ，掃除など），授業，行事（運動会，遠足，避難訓練など）まで，絵や写真もふんだんに紹介しています。事項の説明も簡潔明瞭で，ぜひ子どもと一緒に読みたい１冊です。おすすめです。

Exercise

1. あなたが小学生のときの特別支援学級について，思い出してみましょう。小学生のあなたにとって，特別支援学級はどのような存在でしたか。その後，3,4人のグループになり，思い出したことについて話し合ってみましょう。
2. グループに分かれて，自分が住んでいる都道府県の市町村が実施する就学相談の開催時期や申し込み方法などを調べてみましょう。そして，調べてきたことを発表し，クラス全体で共有しましょう。就学相談は，就学時教育相談，就学相談会など，自治体によって呼称が異なります。

第 8 章

障害児保育の制度と歴史

みんなで一緒！　楽しそうですね。この４人はこれから何をしようとしているのでしょうか？

4人の女児の表情は見えませんが，後ろ姿から楽しそうな様子が伝わってきます。みんなで一緒にやりたいことが見つかり，そのやりたいことに向かっている途中なのかもしれません。あるいは，みんなで一緒に手をつないで歩くことそのものが楽しくて仕方ないのかもしれません。

みなさんもこの女児たちと同じような経験が思い出として残っているのではないでしょうか。もちろん，一人でじっくりと遊び込み，自分の関心事を探求するという楽しさもありますが，遊びの中には，みんなと一緒であるからこそ生まれる楽しさもあると思われます。

子どもは大人になっていく過程で，自分一人だけでは自分づくりを果たすことはできません。友達と一緒に遊ぶことで，自分を知り，自分を変えていくことができるのではないでしょうか。そして，友達同士，互いが互いを人間として尊重する関係であることで，いまの自分よりさらによくなろうとして成長していけるのだと思います。

これは，障害のある子どもにとっても同様です。障害の有無にかかわらず，すべての子どもにとって，同年代の友達とのかかわりは大切なものです。けれども残念ながら，過去において障害があるという理由で障害のある子どもには同年代の友達とのかかわりが制限されてしまう時代もありました。どのような経過を辿って，現代のように障害のある子どもたちが保育現場に共にいることが通常となったのでしょう。本章で学んでいきましょう。

障害児保育とは狭義には幼稚園，保育所，認定こども園等での保育実践を指し，広義には幼稚園等での障害児保育に加え，特別支援学校幼稚部での教育実践，児童発達支援センターや児童発達支援事業所での療育等の実践を合わせたものを指し示します。

本章では後者の広義の障害児保育の制度に関して，歴史的変遷とその意義を整理することとします。

1 戦前，戦中，戦後から1950年代の障害児保育

❶ 戦前日本の幼稚園・保育所（託児所）

戦前の日本における幼稚園は，1926（大正15）年4月22日「幼稚園令」公布（勅令第74号）等の法整備を契機とし，昭和期にかけ全国的に設置数が増加していきました。保育所（託児所）に関しても「無産階級の未来を持つ社会の子供」の教育される場[1]として，セツルメント運動[2]としての託児所や農村部における農村労働力確保を目的とした季節託児所（農繁期託児所）[3]の整備が進められました。

このような戦前の幼稚園，保育所のなかでも，一部のセツルメント託児所等では貧困や不衛生環境，環境汚染等の要因による栄養失調症（たとえば欠食児童）や，「トラコーマ（trachoma）」（トラホーム）による眼感染症，齲歯（うし）（虫歯），喘息等の疾病を有する児童の保育が行われていました[4]。今日でいえば障害等を含む「特別な支援ニーズ」を有する児童の保育は戦前から託児所等では行われていたのです。しかしながら社会における障害児保育としての制度整備や支援体制整備は進められず，各施設や保育者単位で支援が進められていたといえます。

❷ 戦中・戦後の幼稚園・保育所（託児所）

戦中は都市部で空襲等の戦災被害が生じ，施設の被災，疎開等による在籍園児数の減少の影響を受けて閉園・休園する幼稚園，保育所（託児所）が増加しました。農村部等において，労働力の確保や

➡1　日本保育学会『日本幼児保育史　第4巻』フレーベル館，1971年，p. 256。

➡2　セツルメント運動
教育関係者や宗教家等が教育，授産（仕事の提供や，生活・作業指導による就労等に関する技能の習得を図る等の支援のこと），医療等の地域生活に係る社会事業等に取り組み住民を支援する運動のことです。

➡3　季節託児所（農繁期託児所）
農繁期等保護者が多忙な時期にのみ開設され保育が行われる託児所のことです。

➡4　トラコーマはクラミジア・トラコマチス（細菌）を病原体とする感染性であり，失明等視覚障害を引き起こす可能性のある疾病です。主に幼児－学童期の児童が感染しました。そのため一部のセツルメント託児所では罹患による視覚障害の生じた児童の支援や感染症の予防等に取り組んでいました。また齲歯に関しても貧困家庭での罹患率が高かったためセツルメント託児所等では予防等に取り組んでいました。

表8－1　障害児保育に関する年表

西暦（年号）	障害児保育制度に関する主な出来事
1926（大正15）	・幼稚園令発布
1938（昭和13）	・恩師財団愛育会愛育研究所「異常児保育室」開設（1944年11月閉鎖，1949年6月「特別保育室」として再開）
1947（昭和22）	・学校教育法公布・施行（盲・聾・養護学校幼稚部制度化）
	・児童福祉法公布
1957（昭和32）	・精神薄弱児通園施設制度化
1958（昭和33）	・学校保健法公布・施行（就学時健診）
1961（昭和36）	・3歳児健康診査制度化
1965（昭和40）	・母子保健法公布
1969（昭和44）	・肢体不自由児通園施設制度化
1972（昭和47）	・心身障害児通園事業実施
	・文部省「特殊教育拡充整備計画」（特殊教育諸学校幼稚部の拡充）
1974（昭和49）	・中央児童福祉審議会「今後推進すべき児童福祉対策について」（答申）
	・障害児保育事業実施（保育所）
	・私立高等学校等経常費助成費補助金（私立学校での特殊教育教育費補助）
1975（昭和50）	・難聴幼児通園施設制度化
1977（昭和52）	・1歳6か月健康診査制度化
1979（昭和54）	・養護学校義務制実施
	・心身障害児総合通園センター制度化
1981（昭和56）	・国際障害者年
1989（平成元）	・児童の権利に関する条約採択（1994年4月日本批准）
1994（平成6）	・特別なニーズ教育における原則，政策，実践に関するサラマンカ声明
1996（平成8）	・障害児者地域療育等支援事業実施
1998（平成10）	・障害児通園（デイサービス）事業実施
	・障害児通園施設の相互利用制度
	・保育所入所児の障害児通園施設並行通園制度
2003（平成15）	・支援費制度導入
	・児童デイサービス事業実施
2004（平成16）	・発達障害者支援法公布
2005（平成17）	・障害者自立支援法公布
2006（平成18）	・障害者の権利に関する条約採択（2014年1月日本批准）
2007（平成19）	・特別支援教育制度化
2012（平成24）	・障害児施設・事業一元化 ・障害児総合支援法公布
2013（平成25）	・障害者差別解消法公布
2015（平成27）	・子ども・子育て支援制度導入（療育支援加算等）
2018（平成30）	・障害者総合支援法改正（居宅訪問型児童発達支援事業実施）
2019（令和1）	・幼児教育の無償化（0～2歳までの住民税非課税世帯の子どもおよび3～5歳までの全ての子どもの障害児通園施設利用も無償化）

出所：筆者作成。

食糧増産を目的に季節託児所（農繁期託児所）の設置が進められた地域も存在しましたが，全国的な動向として幼稚園，保育所は大きな被害を受けていたのです。

そのため戦後日本の幼児教育・保育は，幼稚園は1947（昭和22）年に制定された「学校教育法」（法律第26号）に基づく新たな学校教育制度，保育所は1947（昭和22）年に制定された「児童福祉法」（法律第164号）に基づく新たな児童福祉制度下で，復興と新たな施設拡充が図られていきました。

このような戦後から1950年代の幼稚園，保育所を取り巻く社会環境下においては，文部省によって1948年に「保育要領――幼児教育の手引き[5]」が制定され，その後1956年には「幼稚園教育要領」が制定されるなど，幼児教育・保育に係る内容や方法の確立に政策の重点が置かれ進められましたが，障害児保育制度整備に関しては十分な議論がなされませんでした。そのため具体的に障害児保育を事業化して行う幼稚園，保育所はほとんどみられませんでした。

5　幼稚園や保育所・託児所の保育者および家庭で育児を行う保護者を主な対象に，「見学」「自然観察」等12項目の「楽しい幼児の経験」を保育内容として示した保育の手引書のことです。

❸ 戦後から1950年代の障害児保育の萌芽

① 盲学校，聾学校における幼稚部整備

盲学校，聾学校は戦前から「予科[6]」において就学前の視覚障害児，聴覚障害児への教育実践の積み重ねがあり，戦後も盲学校，聾学校を整備するなかで幼稚部の整備が進められました。幼稚部では障害に応じた白杖使用に関する訓練等だけでなく，遊びの指導も行われていました。また盲学校，聾学校では幼稚部だけでなく，高等部の上に「あん摩マッサージ指圧師」「はり師」「きゅう師」や「理容師」等の国家資格取得に向けた専門教育を主に行う専攻科を整備する学校が多く，幼稚部での障害児保育から専攻科での専門教育まで一貫した教育を行う学校体系整備が進められていました。そのため幼稚部から専攻科まで盲学校，聾学校でずっと支援を受ける幼児児童生徒も複数いました。

6　予科
学校等で正規の教育課程（本科）へ進む前の教育（準備教育等）を行う教育課程のことです。

② 健診と発達検査法

上述のように幼稚園，保育所での障害児保育制度整備に関しては十分な展開が見られなかったものの，その後の障害児保育に影響を与える萌芽的な動きは戦後から1950年代から見られたのです。その

主な動きは二点あげることができます。

①「健診」の制度化

第一に健診の制度化があげられます。1958年には「学校保健法」（法律第56号：現「学校保健安全法」）制定により，就学時健康診断（就学時健診）が全国で実施されるようになったのです。就学時健診の実施により，視覚や聴覚，言語，知的発達，身体発達，疾病等に関する年長児の状態が把握される機会が増加したことにより，幼稚園，保育所や家庭においても，児童の発達に関する関心が高まっていきました。さらに1960年代に入ると1961年３歳児健康診査，新生児訪問指導の実施，1965年「母子保健法」（法律第141号）による乳幼児健康診査，３歳児健康診査の義務化も図られたことにより，障害の早期発見を可能とする体制整備もいっそう進むこととになりました。

② 発達検査法の開発

第二に乳幼児の発達検査法の開発があげられます。戦前の日本においては，1938年から恩賜財団愛育会愛育研究所[7]「異常児保育室」で知的障害児等を対象とした保育実践がなされており，情勢悪化に伴う閉鎖を経て，戦後1949年に「特別保育室」として再開されました。「異常児保育室」「特別保育室」での実践は，1955年の社会福祉法人恩賜財団母子愛育会による私立養護学校「愛育養護学校」幼稚部の設置や発達検査法の開発に大きく貢献したのです。

「異常児保育室」「特別保育室」での実践と障害児（障害のある子ども）の観察，研究の成果を活かして開発された発達検査法が，九州大学教育学部教授で元恩賜財団母子愛育会愛育研究所教養部長であった牛島義友が1959年に発表した『乳幼児精神発達法』です。さらに1960年代に入ると，津守真[8]も「特別保育室」での取り組みをもとに1961年に稲毛教子とともに０～３歳版，1965年に磯部景子とともに３～７歳版の『乳幼児精神発達診断法』（大日本図書）を出版し，検査法の充実が図られていったのです。

これまでみてきたように，1950年代には幼稚園，保育所での障害児保育の実践は限られていました。しかしながら健診や発達検査法は1950年代後半から整備が進められており，それらの取り組みが1960年代以降さらに充実が図られていくことで，障害児の支援体制の整備が進んでいったのです。

➡7　母性保健・小児保健，教育，福祉等の総合的調査研究機関として恩賜財団母子愛育会により創設されました。愛育養護学校は同研究所での研究結果に基づき教育実践を行う幼稚部・小学部からなる私立養護学校として母子愛育会により創設されました。

➡8　津守真（1926-2018）は後に愛育養護学校長，お茶の水女子大学教授，日本保育学会長等を務め，障害児保育を含む幼児教育・保育実践，研究に多くの功績を残しました。

2　1960年代の障害児保育

1960年代に入ると，教育政策としての幼稚園振興政策と，経済発展を支える労働力確保のための経済・労働政策の一環としての保育所振興政策が進められて，幼稚園，保育所設置数が全国的に増加していきます。さらに幼稚園，保育所の増加とともに在園児数も増加し，小学校就学児に占める幼稚園，保育所利用経験児の割合が増加していきます。そのなかで障害児の幼稚園，保育所等への就園ニーズも社会のなかで徐々に顕在化していくことになります。

1960年代にはこれらのニーズに対し，障害児を主な支援対象とした通園事業を行う事業所（施設）が受け止め，支援を行っていく事例が徐々にみられるようになっていきます。たとえば1965年大阪市「今川学園キンダーハイム」や新潟市「ロータリー松波学園」，1967年横浜市「青い鳥愛児園」，1968年神戸市立「ひまわり学園」等の公・私立による取り組みが全国的な先駆例として有名です。

また東京都では1960年代後半頃から保護者が行政に対して，障害児が教育，保育，療育等を受けられる施設・事業の創設を働きかける動きが生じます。また市区町村の「手をつなぐ親の会」（精神薄弱児をもつ親の会）会員等が今日の「子育てサークル」に類するような集まりをはじめる等，保護者が幼児グループ創設に携わり，支援の場を広げていく動きが見られるようになっていきました。東京都ではこれらの取り組みにより市区町村で通園施設・通園事業の整備がなされたり，保育所等での障害児の受け入れが進んだりしていきました。

このような1960年代の動きが，1970年代に通園施設・通園事業の整備や保育所での障害児保育事業の開始等，1970年代以降の現代につながる障害児保育制度整備の基部を生み出していくことになるのです。

Work 1 自分の住んでいる地域の障害児保育の歴史

自分の住んでいる地域の幼稚園，保育所での障害児の受け入れや，通園施設・通園事業創設を調べ，地域の障害児保育の歴史を年表にまとめてみましょう。

3 1970年代の障害児保育

❶ 幼稚園における障害児保育事業

後述しますが，保育所での障害児保育事業に関する法令整備が進められる一方，幼稚園に関しては，1974年度「私立高等学校等経常費助成費補助金（特殊教育教育費補助）交付要綱」に基づき一定数の障害児を受け入れた幼稚園に対して助成を行う「特殊教育教育費補助」が計上されるなど，限定的な政策が行われるにすぎなかったのです。全国的な幼稚園に対する国の障害児保育事業は，保育所に比して整備が進められませんでした。そのため幼稚園では，私立幼稚園が自主的主体的に障害児の受け入れを進める事例や，地方公共団体が独自に市内の幼稚園での受け入れに係る「要綱」等を整備して助成等を行う事例が確認されています。したがって，幼稚園での障害児保育に関しては各地域でその実態が異なり，地域（園）ごとに障害児保育事業が整備されていったのです。

❷ 保育所における障害児保育事業

1970年代に入ると，厚生省では1972年の厚生大臣諮問「今後における児童及び精神薄弱者の福祉に関する総合的，基本的方策」を受け，中央児童福祉審議会[9]を中心に保育所における障害児保育のあり方に関する議論が進められました。その結果として1973年の中央児童福祉審議会中間答申「当面推進すべき児童福祉対策について」を経て，翌1974年に「今後推進すべき児童福祉対策について」（答申）が示されました。

9　中央児童福祉審議会
厚生大臣の諮問に答え，関係行政機関に意見具申（政策・施策立案等に際し，専門的見地から意見等を示すこと）を行う，厚生省児童家庭局が管轄した審議会のことです。

「当面推進すべき児童福祉対策について」では,「心身障害児の保育」について「対象児の種類及び程度について慎重に検討し，さしあたり，障害の種類を限定的に考え，一般の児童とともに集団保育することにより，健全な情緒・社会性等の成長発達を促進する可能性が大きく期待できる程度の障害児をまず保育所に受け入れて適切な保育を行う方策を具体化すべき」とされ,「どの程度の障害児を受け入れ得るかについても今後検討を進めるべき」と指摘されました。

この指摘を受けて厚生省では議論が重ねられ，1974年「障害児保育事業の実施について」(児発第772号厚生省児童家庭局長通知）および別紙「障害児保育事業実施要綱」が出され，保育所における障害児保育事業が整備されました。この1974年通知の障害児保育事業は,「『保育に欠ける程度の軽い心身障害を有する幼児』を保育所に入所させ一般の幼児とともに集団保育する」ことを通して,「健全な社会性の成長発達を促進するなど障害児に対する適切な指導を実施することによって，当該障害児の福祉の増進を図ること」が目的とされました。そのなかで「当面推進すべき児童福祉対策について」で指摘された「どの程度の障害児を受け入れ得るか」については,「おおむね4歳以上の精神薄弱児身体障害児等であって，原則として障害の程度が軽く集団保育が可能で日々通所できるもの」と規定がなされました。また障害児の受け入れを行う保育所に関しては，受け入れ人数等に応じて行政が助成を行う「加算方式」ではなく，行政が指定した保育所で障害児の受け入れを行い助成する「指定保育所方式」での事業化が図られました。

1974年通知により，日本では保育所における障害児保育事業が本格的に実施されるようになりました。しかしながら，対象が「4歳以上」と限定され,「指定保育所方式」が採られたことにより，入所できる障害児が限定され，指定された保育所がない場合は遠距離の保育所へ通所が求められたり，通所を断念せざるを得ない状況が生じたりする等の課題も生じました。そのため厚生省は1978年に「保育所における障害児の受け入れについて」(児発第364号厚生省児童家庭局長通知）を通知し（1974年の通知は廃止),障害児保育事業の再設計を図ったのです。1978年通知では3歳児未満児の入所が可能となり,「一般的に中程度まで」の障害児の受入れを認めたことで，障害児保育事業の対象となる児童の拡大が図られました。また「指定保育所方式」から「加算方式」へ変更を行い，広く保育所が障害児保育事業を展開できるように改編が行われました。このような障害児事業の設計は1980年代以降も，1980年「保育所における障害児の受入れについて」（児発第92号厚生省児童家庭局長通知）等へと継承されていきました。

以上から，日本の保育所における障害児保育事業は1970年代にその大枠がつくられ，今日に至る障害児保育事業の基盤となっているといえます。しかしながら「障害の程度」に関して規定がなされたことで，1980年代以降も特に重度障害児や重度重複障害児の保育所の入所は進まず，障害児のなかでも「線引き」が生じるという課題が生じたことも考えなければなりません。

❸ 通園施設・通園事業での障害児支援の拡充

1970年代には通園施設・通園事業での障害児支援も今日につながる基盤が整備されました。

まず1972年の「心身障害児通園事業について」（児発第545号厚生省児童家庭局長通達）および別紙「心身障害児通園事業実施要綱」に基づき心身障害児通園事業が整備されました。この事業は20名を利用定員の標準とし，精神薄弱（知的障害），肢体不自由等の通園による指導になじむ幼児を対象とした通園事業であり，精神薄弱児通園施設[10]または肢体不自由児通園施設を利用することが困難な地域において事業可能とされました。そのため，小規模自治体においては地域療育を進める拠点として機能していくことになります。

次に文部省は1972年から「特殊教育拡充整備計画」に基づき「養護学校整備七年計画」（1972～1978年度）を立て，全国的に養護学校整備を進めるための政策を打ち出しました。そして文部省は1973年「学校教育法中養護学校における就学義務及び養護学校の設置義務に関する部分の施行期日を定める政令」（政令第339号）を公布し，1979年から養護学校義務制が実施されることとなりました。この養護学校義務制により，学齢期の知的障害児は主に小学校（特殊学級：現，特別支援学級）や養護学校（現，特別支援学校）へ就学することとなったのです。そのため「原則として満６歳以上の中程度の精神薄弱のある児童」で，「就学義務の猶予及び免除を受けている児童」を支援対象としていた精神薄弱児通園施設では，対象児の変更

➡10　精神薄弱児通園施設は，「精神薄弱」の用語が障害の状態像を適確に示しておらず，差別や偏見を助長しかねないとの懸念から，1999年４月施行の「精神薄弱の用語の整理のための関係法律の一部を改正する法律」（法律第110号）により知的障害児通園施設へと改められました。なお児童発達支援センター等への再編は本章第５節を参照してください。

が必要となりました。これを受け精神薄弱児通園施設は1974年「精神薄弱児通園施設に関する通知の改正について」(児発第164号児童家庭局長通知)により，上述の満6歳以上の年齢制限と，就学義務の猶予及び免除要件を撤廃するという方針が示されました。この方針により，多くの地域で精神薄弱児通園施設は主な支援対象を就学前期の障害児へと変更したため，精神薄弱児通園施設が支援機関として療育による支援を担っていくこととなったのです。

また肢体不自由児通園施設も養護学校義務制に伴い，就学前期の肢体不自由児を支援対象とする通園施設として機能整備が進められていきました。さらに1975年には児童福祉施設最低基準(現，児童福祉施設の設備及び運営に関する基準)に難聴幼児通園施設が規定され，「難聴幼児通園施設の設置及び運営の基準について」(児発第123号児童家庭局長通知)で法整備もなされました。

その上で1979年「心身障害児総合通園センターの設置について」(児発第514号児童家庭局長通知)が出されたことにより，都道府県や指定都市，中核市，おおむね人口20万以上の市では，精神薄弱児通園施設，肢体不自由児通園施設，難聴幼児通園施設のうち2つ以上を設置することが可能な「心身障害児総合通園センター」制度も整備され，横浜市や広島市，福岡市等では障害児の相談，検査，診断，療育指導等を総合的に行う地域支援体制整備を図る地方公共団体も出てきたのです。

このように1970年代に精神薄弱児通園施設，肢体不自由児通園施設，難聴幼児通園施設による「障害児通園施設」(三通園)が整備され，日本での通園施設による障害児支援体制整備の基本制度が確立したといえるのです。

❹ 障害児保育の先駆的取り組み

1970年代には障害児保育制度の確立が全国的に図られていくなかで，各地で先駆的な取り組みがなされていきました。

たとえば滋賀県大津市では，「大津方式」と呼ばれる支援制度の整備が進められたことが知られています。「大津方式」では関係機関間の連携の下，市内の乳幼児を対象とした健診が「4か月」「10か月」「2歳」「2歳6か月」「3歳6か月」と段階的に実施され，障害児の早期発見と関係機関間での情報共有を図るシステム整備が進められました。このシステムにより，大津市内では発見された障害幼児の受け入れが市内保育所や療育機関で進められ，さらに1975年には「障害乳幼児対策・大津・1975年方式」として行政，幼稚園，保育所，療育機関と医療機関等が連携し，出生から小学校就学まで一貫した支援を実現するための制度整備が図られていきました。

また山梨県西八代郡市川大門町（現，市川三郷町）にある，1974年に創設された社会福祉法人ひかりの家が経営するひかりの家学園は，ともに日本キリスト教団市川教会を母体とする学校法人市川幼稚園と隣接して設置された環境を生かし，園庭，遊具を共同使用しながら，交流保育での実践を進めてきました。ひかりの家学園は，元々障害児は障害のない幼児とともに生活する場において支援を受けることが望ましいと考えており，そのような支援体制が社会において整備されない状況のなかで，一時的に支援を担う機関として創設され，障害や障害者施設等に対する「偏見」が見られた当時の社会状況下において，幼稚園に隣接する敷地に創設し，地域のなかで障害乳幼児とその家族が通いやすい施設を目指していたという特徴があげられます。この方針は今日の障害児支援を考える上でも，参考となる事例であるといえます。

このように大津市のような関係機関間で連携した地域支援体制整備や，ひかりの家学園のような今日のインクルージョン保育[11]にもつながる実践が，1970年代に全国的に見て希少であるとはいえ，地方都市や町においても取り組まれていたのです。1970年代は日本の障害児保育の制度化による基盤整備がなされた時期であるとともに，一部の地域においては今日においても多くの参考となる知見に富む各地域の特色が現れた先駆的取り組みが複数展開されていた時期でもあるといえます。

➡11　インクルージョン保育に関しては本章第４節❸を参照してください。

4　1980年代から1990年代の障害児保育

❶ 通園施設・通園事業での課題とその対応

1976年には，国連（第31回総会決議第123）において採択，決議が行われた「国際障害者年」が指定されました。日本でも指定された1981（昭和56）年以降，社会において障害者支援の発展を図る社会の気運が高まるとともに，国，都道府県，市区町村においても障害者支援に関する政策がより一層進められ，多くの事業が展開されました。

厚生省では国際障害者年に先立ち，1979年～1985年にかけ，「障害者の生活環境の改善，障害者福祉サービスの実施，心身障害児の早期療育の推進及び市民啓発の各事業を総合的に実施し，障害者の住みよいまちづくり」の推進を図ることを目的に障害者福祉都市事業を展開しました。この事業では厚生大臣が指定した人口概ね10万人以上の都市156市が指定を受け，心身障害児早期療育推進事業として障害児の早期発見のための健診体制整備や，通園事業等の整備が進められたのです。

1980年代には1970年代の障害児保育事業に基づく障害児保育を行う保育所等が増加し，国際障害者年による社会や行政政策の後押しを得て，障害児保育が全国的に展開していくことになります。その一方で，障害児保育事業に係る制度整備が進み，展開されていったことにより制度上の課題が複数顕在化していったことも見逃せません。

たとえば幼稚園，保育所や通園施設・通園事業での障害児保育に関して，保護者には大別して「幼稚園，保育所で障害児保育を受けたいというニーズ」「通園施設・通園事業で障害児保育（療育）を受けたいというニーズ」「幼稚園，保育所と通園施設・通園事業の両方で障害児保育を受けたいというニーズ」の3つのニーズが存在しました。しかしながら1980年代までの制度では原則的に，幼稚園，保育所，通園施設・通園事業のいずれかに属して支援を受ける形態となっており，「幼稚園，保育所と通園施設・通園事業の両方で障害児保育を受けたいというニーズ」への対応は施設等の「二重利用」に当該し，規定に反するため困難でした。このような課題に対応するため，1990年代に厚生省は1998年「保育所に入所している障害をもつ児童の専門的な治療・訓練を障害児通園施設で実施する場合の取扱いについて」（児保第31号厚労省障害保健福祉部障害福祉課長・児童家庭局保育課長連名通知）を通知し，保育所に入所している児童に関しても，「児童の発達状況の中で，療育の効果が得られる場合」には「障害児通園施設に通所することを妨げないものとする」とされ，いわゆる「並行通園」の実施を認めました。

また通園施設に関しても精神薄弱児通園施設，肢体不自由児通園施設，難聴幼児通園施設の３つの障害種別の通園施設が整備されていましたが，通園対象児の障害種と異なる通園施設への通園は原則的に認められていなかったのです。そのため居住地の近隣に通園施設が存在しても，障害種が異なる場合は遠方の通園施設へ通園したり，通園断念を余儀なくされたりする事例が報告されるようになっていったのです。こちらの課題に対しても1998年「障害児通園施設の相互利用制度の取扱いについて」（障障第39号障害福祉課長通知）のなかで，定員の２割まで異なる障害種の障害児を受け入れることが可能となりました。

❷ 障害児施設体系の見直し

このような課題への対応の一方，1990年代になるとAD/HD（注意欠如多動症），LD（学習障害），自閉スペクトラム症（障害）等の発達障害の児童への支援の必要性が社会で広く指摘されはじめ，就学前期の支援に関しては，幼稚園，保育所や通園施設・通園事業での対応が求められるようになっていきます。

また障害児通園施設に関しては，障害種別の通園施設体系により「専門性の高い指導を提供」する機能を有しつつも，「障害種別が違えば身近なところで療育が受けられない」「重複する障害児等に対する処遇体制が十分整備されていない」「心身障害児通園事業（児童デイサービス事業）や重症心身障害児通園モデル事業などとの役割分担が明確でない」等の課題が1996年３月29日厚生省児童福祉審議会「障害児の通園施設の在り方について」のなかで意見具申されました。この意見具申では今後の支援体制整備を進めるに当たっては，障害種別を越え現状の通園施設を「一本化」し，新たな障害児通園施設を整備する方向性が示されたのです。

この議論に関しては，1990年代は関係者間からさまざまな意見が出され，総合的な通園施設の制度化にはいたりませんでした。しかし1980年代から1990年代に示された障害児保育をめぐる制度上の課題とその対応は，2000年代以降の幼稚園，保育所や通園施設・通園事業といった施設ごとの支援体制整備ではなく，地域で各機関が連携した支援体制整備を進めるための「呼び水」となったのです。

❸ 統合保育からインクルージョン保育へ

これまで見てきたように，日本では1970年代以降特に1980年代から1990年代にかけ幼稚園，保育所における障害児保育が大きく展開していきました。この動きの背景としては障害児の養護学校等への就学を推進する（不就学をなくしていく）「教育権保障」に関する運動等が一要因としてあげられますが，国際的な動向の影響も一要因として考えられます。

たとえば1989年国連（第44回総会決議第25）「児童の権利に関する条約」（日本は1994年4月批准，5月22日発効，条約第2号），通称「子どもの権利条約」において，独立条項として第23条で障害児の権利や「社会への統合」が唱えられました。さらに1994（平成6）年UNESCOとスペイン政府共同開催「特別ニーズ教育世界会議」において「特別なニーズ教育における原則，政策，実践に関するサラマンカ声明」（サラマンカ声明）が採択され，教育領域におけるインクルージョンの原則が国際的に示されました。日本社会においてもこの声明を受け社会における機運が高まり，幼児教育・保育領域においても統合保育（インテグレーション）からインクルージョン保育を目指した取り組みに焦点が当てられていきます。

この統合保育とはいくつかの形態がありますが，基本的には障害の有無を前提に，障害のある子どもと障害のない子どもがともにある集団での保育を指し示します。一方サラマンカ声明以降目指されているインクルージョン保育は，障害だけでなく貧困，被虐待，ジェンダー，宗教等多様な子どもの個々のニーズに応じて適切な配慮，支援等を行いながら展開していく保育のことを指し示します。2000年以降の障害児保育は今日に至るまでこのインクルージョン保育の実現・発展を目指し，展開してきたのです。

5　2000年代以降の障害児保育

2000年代に入ると社会福祉基礎構造改革の一環として障害児・者サービス制度に関して転換が行われ，通園施設・通園事業に関しても見直しがなされました。2003年にノーマライゼーション[12]実現を目指し，障害児・者（保護者等）の自己選択・自己決定を前提とした「支援費制度」が導入され，各地域において自己決定に基づくサービス利用環境整備を進めていく障害者福祉制度となりました。従来の行政（地方公共団体等）がサービスの利用先や内容等を決定していく「措置制度」と異なり，「支援費制度」では利用者の申請に基づき行政がサービス等の支給決定を行い，利用者自身で施設・指定事業者を選択し，契約によりサービスを利用する形態が採用されました。この「支援費制度」により，居宅生活支援として「児童デイサービス事業」も対象となり，事業数の増加が生じ，契約に基づく従来の障害児通園（デイサービス）事業非対象者のサービス利用等が可能となりました。一方で「支援費制度」運用には，地方公共団体によって利用者負担金に差異が生じる「地域格差」や事業者の指定要件の緩和による「サービスの質の低下」等の課題が指摘されるようになっていきます。

そのため厚生労働省等は2005年「障害者自立支援法」（法律第123号）を制定し，再度障害者福祉制度の再編を図りました。障害者自立支援法下での障害児・者福祉サービスでは，障害種別ごとに異なっていたサービス体系の一元化が目指され，全国共通のサービス利用等の基準となる「障害程度区分[13]」が導入されました。また社会保障費の抑制・削減や安定した財源確保等を目的とした「応益負担」制度の導入も行われました。しかし，従来の負担能力に応じてサービス利用費の負担を行う「応能負担」から，利用したサービスに応じてサービス利用費の負担を行う「応益負担」への制度変更により，サービス利用費の自己負担が増加し，経済的理由からサービス利用を制限せざるを得ない家庭が生じ，障害者福祉制度の理念に反する状態が生じている等の指摘がなされるようになりました。

障害者自立支援法に基づく障害者福祉制度の課題は大きな社会論争を引き起こし，「障害者自立支援法違憲訴訟[14]」も行われました。そのため政府は「障害者自立支援法」の見直しに着手し，2010年「障がい者制度改革推進本部等における検討を踏まえて障害保健福祉施策を見直すまでの間において障害者等の地域生活を支援するための関係法律の整備に関する法律」（法律第71号）に基づく障害者福祉制度へと再び編成を行いました。この制度再編で「応益負担」から「応能負担」へと変更が行われました。

➡12　ノーマライゼーション
障害のある人と障害のない人とが共に地域の中で活動できるための社会／環境の整備・実現を目指す考え方のことです。

➡13　障害程度区分
障害福祉サービスを受給する際に必要なサービス量・種類を決定するための判断材料となる障害者の心身の状態を総合的に示す区分のことです。2012年に改正された障害者総合支援法では障害程度区分は「障害者等の障害の多様な特性その他心身の状態に応じて必要とされる標準的な支援の度合を総合的に示すもの」である「障害支援区分」に改められました。

➡14　障害者自立支援法違憲訴訟
障害者自立支援法における「応益負担」の日本国憲法第13条（個人の尊厳），14条（法の下の平等），25条（生存権）等に対する違憲性を訴えた複数の裁判の総称です。最終的には原告・弁護団と国・厚生労働省間で，障害者自立支援法の改正，後の障害者総合支援法整備等を条件に基本合意しました。

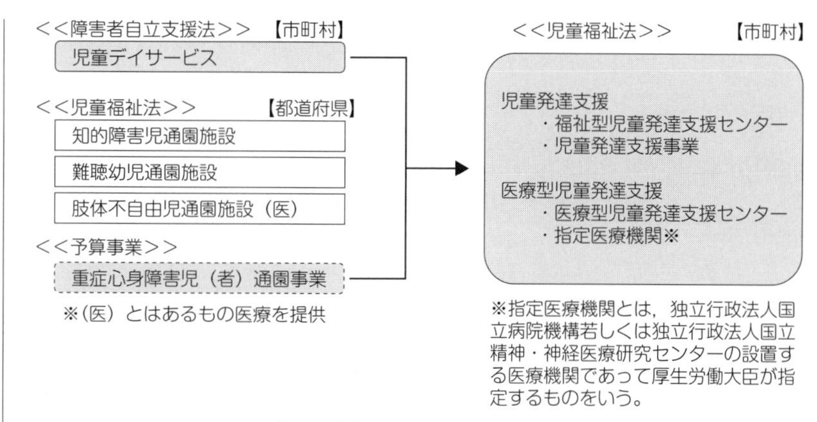

図8-1　児童発達支援の再編

出所：厚生労働省「障害児支援の強化について」をもとに作成。

2000年代はこのような障害者福祉制度の再編を経て，2013年「障害者の日常生活及び社会生活を総合的に支援するための法律」，通称「障害者総合支援法」に基づく障害者福祉制度が今日運用されています。通園施設・通園事業に関しても，「障害児支援の強化」を目的として，児童福祉法の改正により知的障害児通園施設，難聴幼児通園施設，肢体不自由児通園施設は「一元化」されて「児童発達支援センター」に，就学前期の児童デイサービス事業に関しても「児童発達支援事業」に再編されました（図8-1）。また「児童発達支援センター」等では，保育所等に在籍する障害児への支援に関する巡回相談や指導助言等を行う「保育所等訪問支援事業」，保護者支援等を行う「障害児相談支援事業」もはじめられました。

2000年代以降の日本における障害児保育は，戦後から1990年代までの基盤と発展のなかで，財源を含め持続的・継続的でかつ質の高いサービス，支援を今後どのように実現するかを問いながら，障害者福祉制度再編との関連のなかで制度再編が進められてきたといえるのではないでしょうか。

しかしながら制度再編を進めるものの，質の高いサービス，支援を実現するための教職員等支援者の専門性向上と研修体制の整備，幼稚園，保育所，認定こども園等と通園施設・通園事業および関係機関との地域連携の強化等課題は少なくありません。日本の障害児保育の制度と歴史から，これまでの障害児保育は何が課題となり，どのように対応してきたのか，対応しきれなかった課題に今後どのように対応していくのかを常に学び，考える姿勢が保育者には求められます。

本章は第１章や第12章とあわせて学習し，今後の障害児保育を考えていくための資料として活用しましょう。

Work 2  自分の住んでいる地域の障害児保育の制度

自分の住んでいる地域（地方公共団体）の資料を集め，地域の障害児保育制度をまとめて図示し，他の地域と比較して特徴を考えてみましょう。

Book Guide

- **日本精神薄弱者福祉連盟（編）『発達障害白書戦後50年史』日本文化科学社，1997年。**
  戦前から1990年代までの障害児保育や特殊教育の歴史が領域（項目）ごとに整理されており，歴史的な展開過程を理解することができます。
- **尾崎康子・小林真・水内豊和・阿部美穂子（編）『よくわかる障害児保育（第２版）』ミネルヴァ書房，2018年。**
  こちらも障害児保育の制度や現状が見開き２ページで簡潔にまとめられており，障害児保育制度を理解するのに役立ちます。

Exercise 

1. 日本の障害児保育の制度と歴史の特徴を400字程度の文章でまとめてグループで発表し，それぞれの関心の違いを話し合いましょう。
2. 文部科学省初等中等教育分科会「共生社会の形成に向けたインクルーシブ教育システム構築のための特別支援教育の推進（報告）」（2012年７月23日），厚生労働省障害児支援の在り方に関する検討会「今後の障害児支援の在り方について（報告書）～『発達支援』が必要な子どもの支援はどうあるべきか～」（2014年７月16日）をそれぞれ確認し，今後の障害児保育制度をよりよくするために必要な事項について，話し合いのなかで考えを出し合いましょう。

第9章

指導計画・個別の支援計画

春の園外保育の場面です。この場面を見て，先頭で引率している保育者は子どもに何を感じ取ってほしいと考えているでしょうか？　子どもはこの場所で何を感じ，言葉にしているのでしょうか？

保育所・幼稚園・認定こども園では保育者の指導計画によって日々の保育が展開されています。その中で障害のある子どものことも強く意識しています。しかし，障害のある子どもが計画の中に入ってこなかったり，入ろうとしない場面にも出会うことがあります。そのような時に，障害のある子どもの気持ちや思いを検討する時に「個別の支援計画」が必要になります。大切なことは，子どもを計画通りに動かすことではなく，子どもは今何を感じ，何を思っているのか，個々の子どもの内面に触れることです。このことは障害の有無には関係なく，どの子どもに対しても必要な事です。

計画を作成する時には，個々の子どものことを思い浮かべ，子どもを上手に動かすための指導計画ではなく，子どもの思いが実現できる計画が大切です。特に障害のある子どもを園外に連れて行く時には細心の注意が必要になります。安全の配慮や子どもに何を経験してもらいたいかなどを整理しておくことが必要です。計画がなぜ必要であるかをしっかりと学びましょう。

1 保育の計画について

❶ 保育の計画の作成

「保育所保育指針」において「保育所は，（略）各保育所の保育の方針や目標に基づき，子どもの発達過程を踏まえて，保育の内容が組織的・計画的に構成され，保育所の生活の全体を通して，総合的に展開されるよう，全体的な計画[1]を作成しなければならない[2]」とされています。

園で作成される全体的な計画は，園やその地域の実態にそって，それぞれ工夫がされています。また，保育所保育指針で「保育所は，全体的な計画に基づき，具体的な保育が適切に展開されるよう，子どもの生活や発達を見通した長期的な指導計画と，それに関連しながら，より具体的な子どもの日々の生活に即した短期的な指導計画を作成しなければならない」とされています[3]。つまり各園では全体的な計画に従って，年間の指導計画，月の指導計画，日の指導計画，などを立てて保育を実践していくのです。

そしてこのことは，障害の有無にかかわらず，保育者は保育の計画を作成することにより，すべての子どもの成長・発達にあわせた保育を保障しなければならないことを示しています。このことは，幼稚園教育要領や幼保連携型認定こども園教育・保育要領においても同様のことが定められています。

ここでは，幼稚園教育要領，保育所保育指針，幼保連携型認定こども園教育・保育要領の各法令における個別の指導計画について述べていきます。

では，各法令別に確認をしておきましょう。

1　それぞれの保育所が目指す子どもの姿を実現するための基本的な計画となるものです。具体的には，保育所において自分たちがどのような子どもを育てたいのか，それはなぜなのか，そしてそのような子どもを育てるために保育のなかで何を大切にし，どのような保育内容をしていくのか，その成果をどのように評価するのか，等です。作成することは，園が意識的・組織的・計画的に保育を行っている証拠ともなります。

2　「保育所保育指針」「第1章総則」「3保育の計画及び評価」「（1）全体的な計画の作成」ア。

3　「保育所保育指針」「第1章総則」「3保育の計画及び評価」「（2）指導計画の作成」ア。

❷ 保育所保育指針等に定められている個別の指導計画

① 保育所保育指針

保育所保育指針の第1章「総則」3「保育の計画及び評価」の

「(2) 指導計画の作成」のイの（ア）に,「3歳未満児については,一人一人の子どもの生育歴, 心身の発達, 活動の実態等に即して,個別的な計画を作成すること」と示されています。また, 障害のある子どもの保育について, 同（2)「指導計画の作成」のなかで「キ　障害のある子どもの保育については, 一人一人の子どもの発達過程や障害の状態を把握し, 適切な環境の下で, 障害のある子どもが他の子どもとの生活を通して共に成長できるよう, 指導計画の中に位置付けること。また, 子どもの状況に応じた保育を実施する観点から, 家庭や関係機関と連携した支援のための計画を個別に作成するなど適切な対応を図ること」とされています。3歳未満児の計画の奨励や障害がある子どもを他児との生活のなかで捉えること,あるいは家庭との連携なども強調されている記述になっています。

② 幼稚園教育要領

幼稚園教育要領の第1章「総則」第5「特別な配慮を必要とする幼児への指導」の1「障害のある幼児などへの指導」において「……集団の中で生活することを通して全体的な発達を促していくことに配慮し, 特別支援学校などの助言又は援助を活用しつつ,個々の幼児の障害の状態などに応じた指導内容や指導方法の工夫を組織的かつ計画的に行うものとする」と示され, さらに「個々の幼児の実態を的確に把握し, 個別の指導計画を作成し活用することに努めるものとする」と明記されています。特別支援学校との連携や作成の義務が強調されている記述となっています。

③ 幼保連携型認定こども園教育・保育要領

幼保連携型認定こども園教育・保育要領の第1章「総則」第2の1（1）に「……教育と保育を一体的に提供するため, 創意工夫を生かし, 園児の心身の発達と幼保連携型認定こども園, 家庭及び地域の実態に即応した適切な教育及び保育の内容並びに子育ての支援等に関する全体的な計画を作成するものとする」とあります。また,第1章「総則」第2の3（1)「特別な配慮を必要とする園児への指導」には, 幼稚園教育要領, 保育所保育指針の内容を受け継いだ形で明記されているのが特徴的です。

2 計画の作成にあたっての留意事項

❶ 過程を重視する

子どもの発達・成長を考える時，保育者はどうしても結果に着目しがちになります。つまり，保育者が身につけてほしいことが「できた－できない」といった二極化した評価に偏りがちです。

特に，障害のある子どもの場合は，周囲の大人が望む評価まで到達することが難しい面をもっています。したがって，結果を評価してしまうと「できない」ことばかりになってしまいます。そこで，発達や成長の評価には結果ではなく，取り組む過程に着目することが大切です。保育者は，子どもの行動の過程を丁寧に捉えていくことで発達状況を把握することができます。まずは，細やかに子どもの保育中で困っていることや得意なことを把握することが求められ，この実態把握が個別の指導計画を作成する上で重要な資料となります。

保育者は，子どもの実態把握をした上で，ねらいや意味を明確にする必要があります。保育の場は，指導によって障害を克服したり，改善したりするための場ではありません。そうではなく，保育の場は，他児と共に豊かな園生活を営むための場です。

❷ 障害名に“当てはめない”

以前に比べて，発達障害をはじめとするさまざまな障害に関する情報が社会に浸透してきています。また，保育者が障害を学ぶ機会が増えてきており，障害に関する情報も書籍やインターネットなどから容易に入手できる時代になりました。

一方で，子どもの実態を丁寧に読みとらず，障害名が先行する形で子どもの姿を把握しようとする傾向があります。

そうではなく，たとえば自閉スペクトラム症の診断を受けたＡくんであれば，「自閉スペクトラム症のＡくん」ではなく，「Ａくんの一部が自閉スペクトラム症」と認識しましょう。また，子どもは，それぞれ得意なことや苦手なこと，好きなことなど違います。指導計画の作成には，このような情報を優先することが不可欠です。

3 子どもの行動観察と記録

❶ プラス面の観察

繰り返しになりますが，計画の作成には丁寧な実態把握が必要です。保育者による把握が「実際の発達」と違っていた場合，仮に計画を立てたとしても内容にズレが生じているため，かかわりや配慮に効果がみられないどころか，保育者や他児によるマイナスなかかわりになる危険性があります。

保育中，障害のある子どもは，その特性から他児との違いやズレが保育者にとって“目で見てわかる”形で示されます。「トラブルが絶えない」「製作活動に集中できない」「言葉が遅い」など，どうしても“目で見てわかる”ようなマイナスな面を中心に観察・記録をしてしまいがちです。しかし，プラスな面を観察・記録をすることで，その面を活用したり，適切な行動を広げる原動力になったりすることができます。

❷ 記録は多様な視点から捉える

観察・記録は，プラスな面を中心に，と述べてきました。しかし，それだけでは不十分です。その理由として，記録に残る子どもの姿には，観察者の「子ども観」「保育観」「障害観」など，その保育者独自のフィルターがかかっています。この意味で，同じ子どもを観察しても，保育者によって記録する内容に違いがあることが予想できます。実態がズレていると計画そのものの妥当性が問われます。保育者は，自分が観察している子どもの姿が絶対ではないことを自覚する必要があります。

そのためには，複数の目で子どもの姿を捉え，記録内容の精度を高めていきましょう。具体的には，同じ子どもの姿を記録し，対話を通してその内容を確認して，検討することです。この検討は，お互いの子ども観などの相互理解も促されますので，メリットが多く含まれています。また，時間や人員体制の都合上，複数での観察ができない場合は，保育者が記録したものを他の保育者に見せて，意見をもらうなどもよいでしょう。

❸ 環境とのかかわりのなかで捉える

園生活で見られる障害のある子どもの行動は，障害特性と周囲の環境との相互作用で生じています。つまり，一人一人の行動には保育環境（人的環境・物的環境・時間的環境）が密接に関係していて，保育環境からの影響を当該児の特性が受けることによって生じている行動といえます。

たとえば，「聴覚的な過敏さがある子どもであれば，他児同士のざわざわした騒がしい声に反応して製作活動に集中できなくなってしまった」とします。障害特性である「聴覚の過敏さ（器質的な面）」と保育環境の「騒がしい状況（環境的な面）」が相互に反応したことで，その結果集中できなくなった現象といえます。

子どもの行動は，複雑な関係性の上に成り立っていると考えるとわかりやすいかもしれません。目に見える事象だけを観察・記録すると実態と離れていくことに気をつけましょう。ポイントは，①保育環境を客観的に捉える視点をもつこと，②どのように子どもが周囲の環境にかかわっているのかを捉えること，③子ども理解を深めるための共感的なまなざしで観察すること，です。

Episode 1　環境とのかかわりを丁寧に見る

タケシくん（3歳，男児）は，保育中ほとんど言葉を話すことがない子どもです。進級当初は，登園してもかばんをかけたまま友達の遊びを何となく眺めていることが多かったので，保育者が一緒に所持品の始末をしていました。次第に，始末をする姿勢が見られてきたので，保育者はリングでとめた持ち物絵カードを渡してみました。すると，自分で持ち物を確認しながら順番に絵カードをめくっていくようになりました。

半年が過ぎたあたり，記録をしていた保育者は，絵カードを確認しないで始末をしているタケシくんの行動に気がつきました。保育者は，タケシくんの絵カードを見ないで始末をしている姿から，「そろそろ，所持品の始末の絵カードは卒業かな」と感じました。

保育者は，記録をとることを通して，タケシくんの行動の変化を読みとることができました。タケシくんと絵カードという環境との“付き合い方”が変わったことによる変化といえます。

Episode 2 共感的視点で観察する

ヨシキくん（４歳，男児）は，幼稚園に入園してから１年が過ぎました。ヨシキくんには自閉スペクトラム症の診断があります。活動などの集まる時間になると保育室から出ていくことが多くなってきました。

保育者は，実態を把握するために，進級した当初から記録をとっていました。

７月のある日，ヨシキくんのクラスで朝顔をみんなで育てる計画があり，保育者は保育室に添え棒（黄色）を置いていました。ヨシキくんは，電車が好きなこともあり，レールをつないで電車を走らせていました。

いつものように電車で遊んでいたヨシキくんは，添え棒が目にとまったようで，走って取りに行きました。保育者は，添え棒を持ちだしたヨシキくんに驚きましたが，「理由があるかもしれない」と思い，少し様子を見ることにしました。すると，ヨシキくんは添え棒を踏切に見立てて「カンカンカン」と言いました。保育者は，記録をしながら，もっと発展的にこの電車遊びを広げていけば他児との接点が増えるかもしれない，と感じました。

障害のある子どもは，保育者にとって予測ができない行動をすることがあります。ヨシキくんの気持ちよりも，他のことを優先した場合，添え棒をとったヨシキくんの行動をすぐに制止したはずです。もし制止していたら，ヨシキくんの取りに行った行動の意図はわからずに終わったことでしょう。このように観察には子どもへの共感的なまなざしが必須なのです。

❹ 記録の作成の実際

指導計画を作成するための準備には，子どもの状態を的確に把握するための記録が必要となります。しかし，実際に観察をするとなるとどこをどのように観察をしてよいかわからないことがあります。単なる事実の羅列や指導計画の作成に活かされない内容であれば意味がありません。

そこで，あらかじめ観察の観点を明確にしておくことでそれを回避することができます。障害のある子どもの実態を的確に抽出できるようにしておきます（表９－１）。

表９－１　場面別の行動観察のポイント

１．自由遊び場面 ①遊んでいる友達は誰か？ ②何をして遊んでいるか？ ③一つの遊びの持続時間はどのくらいか？ ④友達や保育者とのやりとり（コミュニケーションを含む）があるか？ ⑤友達や保育者とのやりとり（コミュニケーションを含む）はどのような内容か？ ⑥遊びを楽しんでいるか？
２．一斉活動場面 ①活動の参加時間はどのくらいか？ ②活動や内容によって参加や集中の持続時間に差があるのか？ ③逸脱する時の活動や内容は何か？　あるいは逸脱しない時の活動や内容は何か？ ④逸脱をした時，どのような働きかけをすると再度参加できるのか？

出所：筆者作成。

では，実際に記録をする際，どのような記入用紙にするとよいのでしょうか？　ここでは，一般的な記録の仕方を提示します。ただし，実際の保育現場では，一人の保育者が対応する子どもの数が多いので，特定の子どもを終日つきっきりで観察することは無理があります。そのような場合は，あらかじめ観察する保育場面を決めておき，その場面だけを観察する方法が有効です。

次に，記録方法には，子どもの発達をいくつかの領域に分けて観察する方法があります。代表的な領域は，たとえば「基本的生活習慣」「言葉」「運動」「人間関係」「遊び」などがあげられます。観察を通して，これらの領域が意識され，どのような子どもを見ても領域別に捉えることができるようになっていきます。表９－２は，記録の書式の一例です。

実は，記録をとる作業を積み重ねることで，保育者による障害のある子どもへのかかわりや評価が変化していくことがあります。その理由には，記録をとることで，子どもの発達がわかり，「困っていること」や「（子どもにとって）わかりやすいかかわり」を学ぶことができるからです。つまり，「どうしたらわかりやすいのか？」「このような環境に変えたら，できるかも」など，その子どもが生活しやすいヒントを子どもの姿から得ることができます。記録をとることは，“その子理解”を深めることでもあるのです。

表9－2　発達記録表の記入例

発達記録表

○年○月○日

氏名＿＿＿＿＿＿＿　3歳児　(男)・女　　生年月日　　年　月　日

記入者＿＿＿＿＿＿＿

基本的生活習慣（衣服の着脱・食事など）	・衣服の着脱は，自分からやろうとしないが保育者が手を取ったり，声をかけたりするとやろうとする。小さいボタンだとはめられないことがある。 ・箸をうまく使うことができない。スプーンに変えるかどうかを話したところ変えることになった。スプーンは使える。
言葉	・保育中，ほとんど自分から言葉を発しない。しかし，砂場遊びで，シャベルを使っていた○○くんに話しかける姿があった。好きなことや興味がある遊びがあると，話しかけることがある。
運動	・鬼ごっこで転ぶことが多い。ルールがわかりやすい「色オニ」は好む。 ・走り方がぎこちない。「つま先で走っているように見える」「前に進むというより上にジャンプをするように走っている」などである。
人間関係	・他児とのかかわりが苦手で，近くに来ると立ち去るか身構えているか，どちらかである。その場合，保育者が近くにいると落ち着いて遊ぶことがある。 ・最近，集まりの時に，○○くんを探して，隣に座ることが多い。
遊び	・積み木遊びは興味があるものの，やろうとしない。砂場遊びは好きで20分程度遊ぶ。また，特定の友達とならやりとりをする。 ・保育者が身体を動かす遊びに誘うと参加することもある。

➡出所：筆者作成。

4　個別の指導計画の作成の実際

❶ 個別支援の項目

計画の項目は，園生活のなかで必要だと思われる視点や観察から得られた活動への取り組みや遊びの様子などを取り入れて整理します。ただし，定められた計画の項目はありませんので，基本的には園によって違います。つまり，それぞれの園の方針によって異なる，ということです。この意味では，障害のある子どもに対してその園が「大切に考えていること」「優先順位が高いこと」が反映されていると考えてよいでしょう。

❷ 個別の指導計画の内容

個別の指導計画は，作成することそのものが目的ではありません。作成して活用することが目的なのです。したがって，作成にあたっては常に活用することを意識して整理しましょう。

個別の指導計画は，1年を一つの単位として作成します。そして1か月～3か月の間で評価の部分を書き込みながら修正を加えていく，というやり方がよいでしょう。また，あらかじめ一人分の記述する量を決めておきます。先述したように，内容は園によって違いますが，学年・担当者の引継ぎの資料とする観点から，一貫性をもたせるために「短期目標」「長期目標」を記述するのがよいでしょう。短期目標では，表記目標を達成していくためのスモールステップ[4]として，「1か月～3か月で確実にできそうな目標」を設定するとよいでしょう。また長期目標では，「1年間でできることを目安とした目標」や「この1年で育ってほしい姿」を設定するとよいでしょう。

ここで，個別の指導計画の例を示しておきます（表9-3）。

➡4　スモールステップ
身につけたい課題について，達成するまでの過程を細分化した上で，段階を一つずつ上がっていくように積み上げることです。本書第2章も参照してください。

❸ 指導計画の作成手順

指導計画を作成する前段である記録作成でも述べましたが，複数の目で障害のある子どもの行動や遊びを捉えます。けっして，保育者一人で作成するものではありません。複数で作成することが重要です。

次に，保護者から家庭での様子や育児に関する情報を集めたり，前年度の担任（担当）保育者や加配保育者などから情報を集めたりします。療育機関に通っている（通っていた）子どもであれば，療育機関の方からの聞き取りや資料なども集めましょう。

このようにして実態を把握して，課題や内容を複数の保育者で整理してより効果的な支援を検討します。

① 作成に向けた準備段階

図9-1に示した通り，作成の手順には流れがあります。いきな

表9-3 個別の指導計画（例）

○○保育園
令和○○年5月○日作成

氏　名	（男・女）	生年月日	（3歳2か月）	作成者	

領　域	本児の実態
生育歴	・家族構成は，母親，姉，本児である（両親は本児が1歳の時に離婚）。 ・2歳からの入園。1歳半健康診査の際に，言葉の遅れを指摘されている。
基本的生活習慣	・衣服の着脱は自分からはしない。保育士が一緒にするとできることもある。 ・食事は，箸は使えないが，スプーンなら食べる。偏食がある。 ・排泄は自立しておらず，時々パンツが濡れていることがあるが，そのことを保育士に伝えない。
言　葉	・保育中，ほとんどしゃべらない。しかし，保育士の指示には従っているので，こちらの話す内容は理解している様子である。 ・好きな遊びの時は，一方的だが，言葉で伝える姿がある。
運　動	・身体を動かすことを好むが，身体の動かし方がぎこちない。 ・ボールやフラフープなどでの道具を使った遊びは苦手である。 ・体操座りをするとすぐに崩れる。
人間関係	・周囲に友達が近くにくると動きを止めて，凝視していることがある。友達に慣れていない。 ・興味がある遊びを見ると自分もやることから，模倣はできる。
遊　び	・レールを並べて電車で遊ぶことを好み，周囲を魅了するようなレールをつくることが多い。 ・園庭では，やりたい遊びを見つけることができず，うろうろしていることが多い。 ・廃材をつかってロボットや宇宙船などをつくることが得意である。
家庭との連携	・母親は，言葉の面と排泄の面を心配している。育児は積極的であるが，本児と姉との発達の違いに戸惑っている。 ・祖父母はいるが，遠方のため，周囲に子育てをフォローしてくれる人的資源は乏しい。
関係機関との連携（療育センター・子育て支援センター等）	・これまで療育センターなどとのつながりはない。
その他	・聴覚の過敏さがあるのか，耳をふさいだり，急に「うるさい！」と怒り出すことがある。
長期目標	・好きな電車遊びを通して，簡単なやり取りをしながら友達と一緒に遊ぶ楽しさを味わう。

期	Ⅰ期（4，5月）	Ⅱ期（6，7，8月）	Ⅲ期（9，10，11，12月）	Ⅳ期（1，2，3月）
短期目標	園の生活に慣れる	友達の遊ぶ様子を見て，友達や遊びに関心をもつ	電車遊びで友達と言葉でのやりとりをする	電車遊びで友達とのやりとりを楽しむ
支援・配慮事項	・身辺管理などを保育士と一緒にすることで，少しずつ身につける。 ・一人遊びを深められるよう見守る。	・集団における必要最低限の言葉（「貸して」「嫌だ」）を覚える。 ・友達に挨拶したり，声をかけてきた場面を捉え，返事を返すことで友達とのやりとりができるように仲立ちをする。	・友達を意識できるようにかかわる場面を設ける（係活動を取り入れるなど）。 ・友達と挨拶をした時に「○○くんと挨拶したね」と本児自身がかかわりを実感できるようにする。	・友達とやりとりができている場面や一緒に遊んでいる場面を捉え，実感できるような言葉かけを継続する。
全体への配慮事項	・朝の会で1日の流れをイラストや文字を使って示す。	・集まりの際にみんなで「友達に伝わる言葉」などを出し合い，クラスに定着させる。	・二人組や集団での活動や遊びを積極的に取り入れていく。	・保育室のそれぞれの遊びが深められるよう，コーナー遊びなどの環境構成をする。
評価・反省	・衣服の着脱は，好きな活動であれば自分からするようになった（プール遊びなど）。	・保育士が促さないと言葉を発しないことが増えた。本児の発達のペースを考慮する必要がある。	・保育士とのやりとりも増え，それに比例して友達とのやりとりも増えた。	・電車遊びがしたい気持ちがあり，スムーズに朝の支度をするようになる。

出所：筆者作成。

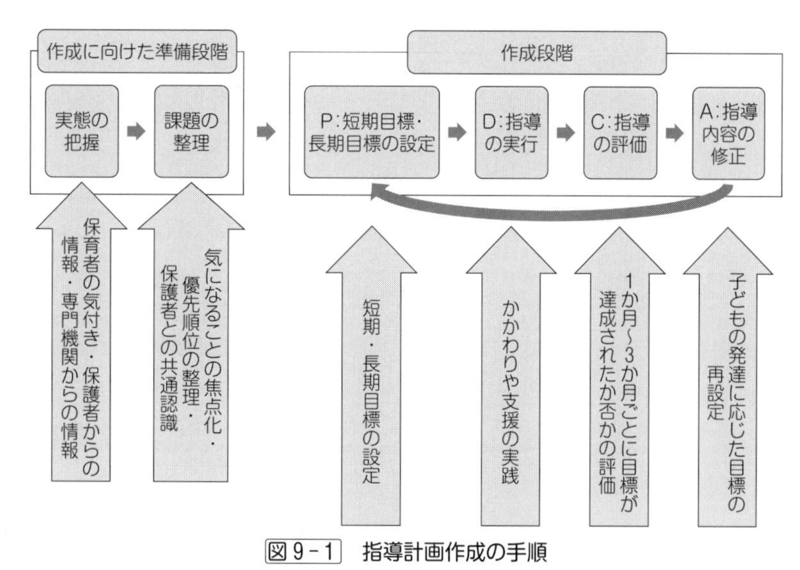

図９－１　指導計画作成の手順

出所：伊丹昌一（編著）『インクルーシブ保育論』ミネルヴァ書房，2017年，p. 80をもとに作成。

り作成をするわけではなく，充実した内容にするための準備をします。発達が気になる子どもであれば，まずは保育者が子どもの行動のなかで気になるところがあるでしょう。その際，他の保育者も同様に気になっているかなど，自分も含めて子どもの行動に対する保育者の捉え方を確認しておきます。さらに，保護者からの情報や相談内容などを整理します。療育機関などを利用している場合は，障害特性や療育プログラムなどの情報を集めます。

このようにして集めた情報ですが，いざまとめてみると，子どもの課題となる姿が「あれもこれも」というように整理ができず，収集がつかないことが多く見られます。そのためにも，集めた情報のなかで，優先的に指導する内容を検討しておきましょう。

② 作成段階

この段階は，図９－１で示したPDCAサイクルといわれるものです。PDCAサイクルとは，PLAN（目標を定め，その目標に沿って，計画を立てる），DO（計画を実行する），CHECK（結果の確認，評価する），ACTION（効果が上がらなかった点の改善）の頭文字をとったもので，この４つの段階を循環的に繰り返し行うことで，仕事の改善・効率化を図るものです。

指導計画もこのPDCAサイクルを繰り返して作成をします。ただし，PDCAサイクルはもともと，企業がよりよい商品開発を行うために考案したシステムということもあり，これを保育現場に流用するには，いくつかのポイントを押さえた上で活用しなければなりません。

〈P：短期目標・長期目標の設定〉

障害がある子どもが生活において何に困っているのか，何が苦手でどこまでできるのか，保護者の障害の理解や生活の状況はどうか，療育機関との関係はどうか，などを把握します。

目標設定のポイント

①抽象的な目標は避ける

具体性に欠ける目標だと，達成されたか否かがわかりづらいです。できるだけ具体的に記述します。

②目標は少なくする

園生活の場面ごとの目標を設定してしまうとどうしても複数の目標ができてしまいます。クラスには他児もいますし，常につきっきりで関わることはできません。したがって，焦点を絞り，課題が明確になっていたほうが効果的に指導することができます。

③記述の主語は，“子ども”

保育者や保護者は，子どもとのかかわりから，子どもに対するそれぞれの思いや意見があります。ときとして，それが先行してしまい，「保育者（保護者）にとって困っていること」を強調してしまうことがあります。この場合，肝心の子どもの実態を見失ってしまいかねません。常に子どもを中心に置くよう心がけます。

〈D：指導の実行〉

子どもの障害特性を踏まえ，スモールステップで考えます。また，子どもが達成感や満足感を味わえる手立てを具体的に考えます。

集団生活のなかで考えるわけですから，けっして個人だけの指導に偏らないようにしましょう。たとえば，「見通しをもって生活できるように朝の会でイラストや文字を用いて確認する」といったクラス全体への指導も記述しておくと集団とのかい離を防ぐことができます。

〈C：指導の評価〉

「個別の指導計画への評価」です。「できた－できない」といった子どもの行動を直接評価するものではありません。そうではなく，

「発達が促されたか」「援助は適切であったか」「目標設定に無理はなかったか」など，“保育者側に対する評価”です。

さらに，保育者の反省があればそれでよいのか，といった単純なものではありません。先述したようにPDCAサイクルを保育現場に導入する際の注意事項があります。それは，過剰に反省をしないことです。つまり，評価の際に，「あれもダメだった。これもダメだった」ばかりの意見が多くを占め，建設的な意見が出ないことが多くあります。「よかったこと」「次に活かせること」は必ずあるはずです。単なる反省や感想に終始せず，客観性をもって「事実の検証」を行いましょう。

〈A：指導内容の修正〉

年度末に長期目標の達成度を確認します。年度が替わって，担任（担当）保育者が替わっても，その子どもがどのような指導を受け，それがどう効果があったか，などを読み取ることができます。そして何より，クラスのなかでの子どもの成長の“軌跡”を読みとることができます。

年度末に確認をすることで，保護者が進級の度に，次の担任（担当）保育者に一から子どもの情報を伝えなければならない手間が省けます。

また，障害のある子どもの多くは，環境の変化に弱いです。この意味でも，引継ぎ資料として機能することで，進級の度に緊張や不安，混乱に陥ることを防げます。

Episode 3　保育者の“気になる”からの個別の指導計画

マサトくん（幼稚園，3歳，男児）は，年少組で入園してきました。入園まで，集団で遊んだ経験が少ないこともあり，登園しても玄関で大泣きをしている状態が続きました。周囲の子どもが園に慣れ，思い思いの遊びを見つけ出して遊ぶ時期になっても，大泣きする姿は変わりませんでした。マサトくんは，新しい活動や環境が苦手だったり，気持ちにムラがあったり，遊んでいても友達とのトラブルが一日に複数回あったりしました。

母親は，入園式の日に担任保育者に育児に関する相談をしていました。相談内容は，「入園するにあたって友達と遊ぶ経験を増やそうと，近くの子育て支援センターや公園に行ったのですが，友達をすぐに叩いたり，おもちゃをうばったりして困りました……。それ以来，何となく子どもがいる場所には足を運ばなくなりました」というものでした。

担任保育者は，入園式の母親の相談や日々のマサトくんの状況を保育者同士で共有していました。記録をとり，職員会議で共有したり，母親との継続的な情報共有をしたりしていました。

7月のある日，いつものように職員会議でマサトくんの話題になったときに，よりよい対応や支援体制を強化する目的で個別の支援計画を作成するほうがよいでのはないか，という話になりました。

個別の指導計画作成には，保護者の了解が必要となるため，担任保育者はマサトくんの母親と話をしました。母親は，マサトくんの発達には気になることが多かったものの，作成するほどではない，と考えていたようでした。母親は，「マサトは障害があるのでしょうか……」と驚きや不安の気持ちを表していましたが，担任保育者が①障害の有無にかかわらず，作成することできめ細やかな指導や支援が行えること，②保護者も含め，みんなで情報共有ができること，③マサトくんが目指す姿が明確になること，などを説明しました。

母親は，「マサトのためになれば」と安堵の表情を浮かべ，同意しました。母親にとって，年中に進級する際にもこの指導計画が役に立つことも安心材料となったようです。

5 個別の支援計画

❶ 生涯にわたって支援する「個別の支援計画」

これまで述べてきた個別の指導計画とは別に「個別の支援計画」があります。個別の支援計画は，園内の保育者だけではなく，保護者や関係機関の職員も一緒に計画を作成します。

子どもの障害は，一生続きます。障害のある子どもへの支援は，生涯にわたって支援する必要があります。そのため，障害のある子どもの生活には，さまざまな人や機関がかかわっています。

たとえば，出生後すぐに医療的ケアを必要とした場合，医療機関と継続的なかかわりが生じます。服薬しているのであれば，薬の内容や頻度，副作用などの情報があります。言語指導を受けているのであれば，指導内容や頻度などの情報があります。その他にも，他の機関を利用していれば，その情報もあります。

このように，障害のある子どもは，園だけではなく，家庭，医療，福祉，保健の各機関とつながっています。つまり，個別の支援計画とは，障害がある子ども一人一人の多様なニーズに応じて関係機関と連携をして適切な支援を行うために計画されるものといえます。関係機関同士や園との情報を共有して一つの計画を作成します。なお，幼稚園が主体となり，各関係機関から情報を取りまとめて作成する計画を「個別の教育支援計画」といいます。

個別の支援計画は，乳幼児期から自立に至るまでの長期間を見通して作成されます。この意味では，障害のある子どもが住んでいる地域でその子らしさをもちつつ，幸せに生活するために必要な支援に関する計画書といえます。

なお先にも述べたように，個別の指導計画は，園において障害のある子ども一人一人の保育を充実させるために作成するものです。個別の支援計画を踏まえて適切な指導や支援を行うために，障害のある子ども一人一人の障害の程度や発達過程に応じて目標，指導内容，配慮事項を記述するようにしましょう。個別の指導計画と個別の支援計画は，作成にあたり相互に関連づけながら作成するようにしましょう。

❷ 個別の支援計画の書式

個別の支援計画の書式は，自治体や園によって違いがあり，さまざまなタイプがあります。基本的には，自分の園や自治体のものにそって作成をしてください。

ここでは，参考として一例を示しておきます（表９-４）。

表9-4　個別の支援計画（例）

㊙

作成日令和〇〇年〇月〇日
幼稚園名・保育所名・認定こども園名（　　　　　　　　　　　　　　　）
作成者（　　　　　　　　　　　　　　　）

ひらがな 氏名			性別	生年月日
保護者	ひらがな 氏名	（続柄　　　）	家族の状況（ペット含）	
	住所	〒 TEL		
	緊急連絡先	①名前　　　（続柄　　）TEL ②名前　　　（続柄　　）TEL		
障害等の状況			手帳等	（平成〇〇年〇月〇日交付）
	支援機関／担当者／連絡先		具体的な支援内容・所見等	
在籍園				
医療・療育機関等				
保健・福祉				
就学に向けて	大切にしてきたこと		就学後の支援にむけて	
	在籍園			
	保護者			
	医療・療育機関等			

以上の内容に同意します（自署）

令和〇〇年〇月〇日　担任（担当）保育者氏名＿＿＿＿＿＿＿＿　保護者氏名＿＿＿＿＿＿＿＿
園長（所長）名＿＿＿＿＿＿＿＿　学校長名＿＿＿＿＿＿＿＿

➡出所：筆者作成。

Book Guide 

・**鯨岡峻・鯨岡和子『保育のためのエピソード記述入門』ミネルヴァ書房，2007年。**
保育中にみられる子どもの姿を適切に読み取る一つの方法に，記録の記述方法があります。個別の指導計画の作成には，いかに的確に記録できるかがポイントになります。本書は，まず記録をとるにあたって，エピソードを記述する大切さや楽しさを具体的なエピソードをもちいて紹介しています。

・**岸井慶子（編著）『保育の視点がわかる！　観察にもとづく記録の書き方』中央法規出版，2017年。**
記録をとることが苦手な保育者に，記録の楽しさやいかに記録を自分たちの保育に還元するか，という視点から書かれています。年齢別の記録の内容について実例を用いながら紹介されています。記録の記述を理解するための入門編的書籍です。

Exercise 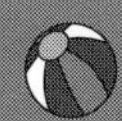

1. 個別の支援計画の様式は，必ずしも定まっているわけではなく，市町村や保育所によって異なっています。
　各自治体で使用されている個別の支援計画の様式を集め，比較してみましょう。また，どのような項目が設けてあるのかも調べてみましょう。
2. 個別の支援計画を作成するには，保護者の同意が不可欠です。保護者が子どもの状態に気がついておらず，保育者から保護者に子どもの状態を伝える場合も少なくありません。
　そこで，保護者の同意を得るためには，保育者はどのような配慮や注意事項などが必要でしょうか？　意見を出し合ってみましょう。

第 10 章

障害児保育における健康と安全

お人形の赤ちゃんに手をかざす 1 歳児。この小さな手にはどのような思いがあるのでしょうか？

乳幼児期の健康と安全は，命を守る保育者としての養護の部分がとても大切になります。小さな子どもの命に触れる体験，自身の感情を移入して，赤ちゃんを心配する体験。どのような経験であっても乳幼児期の子どもにとっては人を「いたわる」気持ちや小さな子どもを大切にする気持ちが育ちます。保育者の何気ないかかわりや，しぐさ，生活の積み重ねは健康や安全に対する意識を高めていくことにつながるのです。ただ遊んでいるだけではなく，遊びの中にある小さな営みや意味が理解できると，その大切さが見えてきます。

障害のある子どもやかかわりの難しい子どもに対する配慮の中で，特に健康かつ安全に園生活を過ごすためには保育者として多くの対応幅が必要となります。本章では，日常の園生活の中で特にしっかりと確認しておく必要がある点についての理解を深め，実際の保育現場として丁寧に考える必要があること，さらに緊急の事態が起きた時の対応の方向性などについて，知識として十分に理解することを目的にしています。障害のある子どもに対する配慮が可能になることは，他の子どもにとっても一人一人に必要な配慮を丁寧に考えるきっかけになる場合が多く，乳幼児期の事故の防止にもつながります。命を守ることになる重要な部分がありますので，しっかり理解し，身につけてください。

乳幼児の健康と安全については，保育所保育指針解説に次のように示されています[1]。

➡1　厚生労働省「保育所保育指針解説」2018年，p. 303。

> 保育所保育において，子どもの健康及び安全の確保は，子どもの生命の保持と健やかな生活の基本であり，一人一人の子どもの健康の保持及び増進並びに安全の確保とともに，保育所全体における健康及び安全の確保に努めることが重要となる。
>
> また，子どもが，自らの体や健康に関心をもち，心身の機能を高めていくことが大切である。

最も重要なことは生命と健康の保持及び安全の確保です。さらに保育者が乳幼児を守ることは当然のことではありますが，子どもが自らの体や健康に関心をもつことから心身の機能を高めることが大切になります。基本的な健康と安全に関する項目は，詳細については，領域「健康」の分野や保育士養成課程では「子どもの保健」などで学ぶことと思いますが，ここでは実際に保育現場がどのように対応を考えて具現化しているか，この点を中心に扱います。よって，実際に保育者になった時に保育現場が対応できていないような場合には，事前に準備しておくべきことが多くあることを理解しておかなければなりません。

1 保育における「健康かつ安全な生活」とは

❶ 命を預かることの重さ

乳幼児期の子どもを長時間預かる保育所や幼稚園・認定こども園では毎年多くの事故が起きています。特にここ数年は乳幼児が保育中に命を落とすような痛ましい事故がありました[2]。園庭のない保育施設では，車が通る道を歩いて公園などに散歩に行く場面はよく見かけると思います。乳幼児にとってはとても大切な日々の戸外での遊びになりますが，２歳児など，動きが多くなる園児を安全に散歩することにはとても神経を使うことになります。

2019年８月に公表された内閣府の資料によると，2018年１月１日から12月31日の１年間に起きた事故の報告は次の通りです[3]。事故の報告件数は1,641件，負傷等の報告が1,632件，そのうち1,330件が骨折によるものでした。死亡の報告が９件ありました。事故の発生場所は施設内で89％起きています。この数字を見ると事故が多いと感じると思います。

事故の詳細などについてはここでは触れませんが，保育中に子どもが命を落とすといった死亡事故は絶対にあってはならないことです。しかし，現実的には保育士の不足や長時間保育などさまざまな要因によって事故が多くなっていることは否めません。幼稚園・保育所・認定こども園は，どの施設においても常に子どもの健康と安全に気を配り，怪我の未然防止や万が一事故が起こった場合の初期的な対応も可能にすることが死亡事故や怪我を防ぐ最善の方法なのです。どの施設においても保育者の役割として，命を預かる重大な責務があることを全教職員が理解し，その防止のために労力を惜しんではならないことを常に意識することが求められています。

➡2　2019年の５月には滋賀県大津市で，交差点で衝突した２台の車の一方が突っ込んできて，散歩中に信号待ちをしていた子どもたちと保育者16人が死傷するという悲惨な事故が起きました。この事故は，保育者の配慮があったにもかかわらず，残念な死亡事故になってしまいました。同年の11月には，東京都八王子市でも散歩中の園児に車が突っ込む事故が起きるなど，このような事故が相次いでいます。

➡3　内閣府「平成30年教育・保育施設等における事故報告集計」2019年。

❷ 健康を守るために

保育所保育指針の領域「健康」のねらいでは，次のことが示されています。[4]

> 健康な心と体を育て，自ら健康で安全な生活をつくり出す力を養う。

子どもの健康と安全は保育者の責任において守らなければなりませんが，子ども自らが健康で安全な生活を作り出す力を育てることが最も重視されなければなりません。「保育」という言葉の意味には養護と教育，さらには保護といった意味が強く含まれています。しかし日常の中で，保育者が過保護になってしまえば，子どもは自らの健康や安全を守る力が育たない可能性もあります。子どもの主体性を大切に育てるとともに，自立に向かい，怪我を自ら予防し，安全に対する意識を高めていかなければならないのです。このバランスを保育の中で実現することはとても難しいことです。保育の現場に行くと，保育者が幼児に対して1から10まで指示を出しているような場面に出会います。子どもは「もうわかっている」と言った表情を示しているのですが，安全を第一に保育を実施している保育者ほど，口数が多くなり，結果的には子どもの主体性や自立に対する意識を奪い取ってしまうような場面があることも否めません。しかし，その保育者は一生懸命なのです。一生懸命さが時に過保護・過干渉になってしまうことを意識しなければなりません。

障害のある子どもへの対応の場合，さらに難しいことがあります。なかなか目を離すことができない場面があり，特に園外にお散歩などに行く場合はかなり神経を使います。加配[5]といわれる，障害のある子どもに担当としてつく保育者の制度として整っている市町村もありますが，少ない保育士の数で，障害のある子どもを健康かつ安全に保育するためには大切なポイントがあります。

障害のある子どもが園に在籍し，他の乳幼児と共に生活を積み重ねて行くなかで，保育者は日々の生活や遊びにおいて常に配慮しなければならないことが多くあります。特に，健康状態や，発育・発達状態の把握は重要になります。日々の保育の中で以下の点に留意して子どもの健康状態を把握し，必要に応じて対応することが必要です。

○心身の状態の把握と対応

登園してから保護者に引き渡すまでの間，保育者は常に子どもの

➡4 「保育所保育指針」「第2章　保育の内容」「2　1歳以上3歳未満児の保育にかかわるねらい及び内容」「(2) ねらい及び内容」ア。

なお，「3　3歳以上児の保育に関するねらい及び内容」にも同様の記載があります。

➡5　加配

保育士や幼稚園教諭・保育教諭の規定の人数に対して，障害のある子どもがクラスに存在する場合に追加で人的な配置をすることです。市町村や設置主体によって基準が異なっています。私立幼稚園の場合は，障害のある子どもに対する補助金によって設置者の判断によって加配を配置するなどの判断が可能となっています。

健康状態に気を配る必要があります。園に登園してきた時に個々の子どもの状態を視診[6]によって把握します。登園時の機嫌，顔色，朝食の摂取状態など，短い時間の中で保護者から聞き取ることが必要な場合があります。保護者の方が仕事に行く時に焦って園に預けたような場合は，子どもの状況を把握することが困難な場合もあります。多少機嫌が悪くても，普段と異なる様子であったとしても，仕事に急ぐ保護者の立場からすると「とにかく預けなくては」といった思いですぐに立ち去る方もいます。保護者の立場を理解することも重要ですが，健康な状態を維持するためには，朝の子どもの状況把握は欠かすことができません。

保護者から預かった時の状況がわかりづらかった場合などは，特に子どもの状況を常に意識して確認する必要があります。場合によっては，検温などを行って，把握できる状況の中で対応を考えなければならないこともあります。健康観察によって，状況が急変することや，突然具合が悪くなるようなことが起きるのも子どもの特徴です。健康観察によって，個々の子どもの状況の把握を心がけることは常に意識しましょう。

特に障害のある子どもの場合は，言葉による表現や伝達が苦手な子どももいます。また，機嫌が悪くなると同時に癇癪やパニックを起こすような子どももいます。心的な状況から起きることなのか，健康状態が良好でないために起こるのか，判断が難しいような場合も多くあります。そのような時は，少し距離を置いて見守ったり，時間の経過を見計らって状況を把握することも必要です。日常の様子を丁寧に把握するとともに，日頃の行動や状況と異なる場合には，保育者間で連携した上で健康状態の把握を心がけることにより，対応が必要な場合にすぐに適切な対処ができるのです。特に疾病などの疑いがある場合は，園全体に影響を及ぼす場合がありますので，嘱託医などに早めに相談した上で適切な対応を取る必要があることを意識しておきましょう。

○健康増進

保育所保育指針解説には健康増進の重要性が明記されています[7]。それは，個々の子どもの健康を保持するだけでなく，その増進に努めることの必要性です。健康の増進については，保護者や保育者の役割も大変重要ですが，最も意識すべきことは，子ども自身が自分の健康に関心をもち，健康の保持や増進のために適切な行動がとれ

➡6　視診
登園してきた際の機嫌，顔色，食欲，鼻汁，咳，便の状態，皮膚の様子，寝る時の様子，いつもと違う行動がないかの観察，また，話せるようになった子どもからの訴えを聴くなど，体調不良に気づくために必要ことをします。

➡7　厚生労働省「保育所保育指針解説」2018年，p. 303。

るようにすることです。特に基本的な生活習慣の自立は大人に言われて取る行動ではなく，自分の身体や命を大切にすることへとつながります。

毎月実施する身体測定などは，子どもの発育や発達を把握するために重要なことですが，子どもが自分の身体の育ちに感心をもったり，食生活との関係を学ぶきっかけにもなります。また，体重や身長が伸びることは，日々生活することに対する喜びにもつながります。障害のある子どもは，身体測定を極端に嫌がったり，衣服を脱ぐことに強い抵抗があるなど，特徴的な姿を見せる場合も多くあります。また生活習慣については，身についていない状況も多々あります。焦って生活習慣を身につけさせようとしたり，抵抗があることに対して無理にやらせようとすることは，健康増進や自身の健康に対する意識を低下させることにつながるようなこともあるので，個々の子どもの気持ちを大切にしながら対応する必要があります。

❸ 安全を守るために

ここでは，子どもの安全を守るために必要な園での具体的な対応について，ポイントを押さえて解説します。保育所保育指針には以下のように安全のことが取り上げられています[8]。

> 安全に関する指導に当たっては，情緒の安定を図り，遊びを通して安全についての構えを身に付け，危険な場所や事物などが分かり，安全についての理解を深めるようにすること。また，交通安全の習慣を身に付けるようにするとともに，避難訓練などを通して，災害などの緊急時に適切な行動がとれるようにすること。

➡8 「保育所保育指針」「第2章　保育の内容」「3　3歳以上児の保育に関するねらい及び内容」「(2) ねらい及び内容」ア　健康(ウ) 内容の取扱い⑥。

ここで重視すべき点は「情緒の安定」と「遊び」です。交通安全の指導や避難訓練などは定期的に場面を取り上げて指導されることが多くあります。しかし，日常の中で最も重視する点は情緒の安定です。保育者や友達と温かいつながりを形成し，信頼関係のなかで子どもが安定していることは，何よりも大切なことです。昨今の家庭状況から考えると，虐待や貧困，また夫婦の不仲などで，家庭のなかでも不安定な状況に追い込まれている子どものことを忘れてはなりません。また障害のある子どもについても家庭のなかで受容的態度で保護者が接していることで子どもの安定につながっている場合は良いのですが，保護者の養育態度が高圧的であったり，否定的である場合は，そこでの感情を園に引きずってくる場合もあり，そのような状況が子どもの「荒れ」につながっているケースも散見されます。そのような状況下での情緒の安定を維持することはとても難しいことではありますが，家庭での養育に対する意識や，日常の会話のなかから保護者の思いを探り，丁寧に対応する必要があります。

園での安全に対する取り組みを徹底するためにはいくつかの配慮が必要になります。詳細は保育所保育指針解説の第３章を確認してください。ここでは，園の具体的な取り組みについて説明します。

○園内の環境に対する意識の向上・定期的な環境に対する安全の点検

各園では，事故を未然に防ぐために安全点検のマニュアルの作成が義務づけられています。施設内の環境や戸外の遊具の点検など，詳細が明記されており，保育者は定期的に点検します。破損している場所や環境がある場合は即座に改善し，全職員と情報を共有します。特にハザード[9]といわれる，子どもには取り除くことのできない危険を意識しておくことが必要です。木でできたスノコの釘が出ていたり，園庭の遊具の角が尖っていたり，回避出来ない危険が事故の原因になることは多くあります。安全点検マニュアルによって定期的に点検することで，事故を未然に防ぐことがとても大切です。

○障害のある子どもの特性の理解と対応

発達障害の子どもは障害の特性とともに個人の独特な世界観をもっている場合があります。自閉スペクトラム症[10]の子どもの場合は特別なこだわりがあったり，気持ちの切り替えが難しいなど，個々の子どもの特性を理解する必要があります。保育者が特性を理解しないで，一律に他の子どもと同様にやらせようとしたりすることは，パニックを引き起こす原因になったりすることもあります。理解と対応は密接に結びついていますので，理解した上で丁寧な対応を考えることが鍵になります。

○事故が起きた場合の医療的なつながりと保護者対応

園内で事故が起きた場合は，的確な対応が必要となります。怪我の程度にもよりますが，園には園医やかかりつけの医師が必ずいますので，処置が必要な場合は主任や副園長・園長等の判断によって対応を検討の上実施します。特に保護者への連絡・報告は確実に実施しなければなりません。障害のある子どもの場合は医療機関が苦

⇒9　リスクとハザード

ハザードとは危険性又は有害性を意味し，保育の中では子どもには除去することができない危険を意味します。ハザードが露呈している場合，保育者は子どもの安全のためにハザードは必ず取り除かなければなりません。リスクは危険性又は有害性によって生ずるおそれのある負傷又は疾病の重篤度及び発生する可能性の度合いのことを意味しています。保育のなかで，子どもは自らの危険を鑑みながら高いところから飛び降りたりすることもあります。リスクを自ら経験し，危険回避や冒険，さらに安全に対する能力を高めることもありますので，リスクとハザードの違いを理解する必要があります（厚生労働省「危険性又は有害性等の調査等に関する指針」2006年）。

⇒10　自閉スペクトラム症

「社会的相互交渉の質的異常，コミュニケーションの質的異常，および興味の限局と反復的行動のパターンを特徴とする発達障害群」（日本神経科学学会『脳科学辞典』）。保育の実践の場では，言葉の理解が難しい，気持ちの切り替えが困難，言葉より視覚的な写真や絵などで示す事で理解が可能になるなどの特徴があります。同じ障害名でも個々の特性がかなり異なることを知っておく必要があります。

手な子どももいますので，特に配慮が必要になります。

○防災訓練など，災害時の対応と常備すべき物品の確認

災害はいつ発生するかわかりません。大地震が起きた場合の備蓄や連絡手段などは常に保護者と共有する必要があります。特にアレルギーの子どもが多くなっている現状から考えると，個々のアレルギーに対応した非常食の準備も必要です。常に確認できる状況にした上で，災害時に慌てなくてもよいようにしなければなりません。

○安全第一主義にならないように，保育の中で何を育てるのか，この確認が必要

健康と安全を両立しなければならない保育には難しさがあります。安全を重視しすぎれば保育者の意識は「危険防止」だけに目が向き，子どもがチャレンジすることを阻害する要因になります。しかし，子どもの主体性を尊重するあまり，放任的になってしまうこともあります。園として何を育てることが必要があるか，また障害のある子どもの個々の要求や要望をどこまで尊重する必要があるかなど，園としての方針を共有することが必要です。

○担任保育者だけでなく，園の教職員全員が把握する必要性・園内連携

在籍している園児の詳細情報については，個人情報を保護すると共に，必要な情報は共有する必要があります。特に障害のある子どもの障害名や特性などについては，必要な範囲で共有します。しかし，障害名が一人歩きしてしまうようなことはあってはなりません。自閉スペクトラム症との診断があったとしても，配慮する点はいくつもありますが「自閉だから」と言ったレッテルを貼るようなことがあると，子どもの理解の邪魔をしてしまう可能性があります。保育として必要な情報をホワイトボードや個別の支援計画などに記述して，加配の先生や同じ学年の先生で共有することが大切です。また，日々の気づきについて，かかわっている保育者が気づいたことなどを語り合う時間をもつなど，新しい情報を全体で共有することも忘れてはなりません。

以上のようなことは，常に障害のある子ども一人一人の顔を浮かべて配慮すべき点を明確にした上で教職員全員が対応できるように心がけることが必要です。

2 障害児その他の特別な配慮を要する子どもの保育の実際

保育所保育指針等の領域「健康」の「内容の取扱い」には，実際の保育現場で意識すべき点が明記されています。本節では，その中から特に障害のある子どもの健康や安全を意識しなければならない点を取り上げて，具体的な対応の方向性を学びます。

まず保育所保育指針に記載されている「健康」の「内容の取扱い」を見てみましょう[11]。

> 様々な遊びの中で，子どもが興味や関心，能力に応じて全身を使って活動することにより，体を動かす楽しさを味わい，自分の体を大切にしようとする気持ちが育つようにすること。その際，多様な動きを経験する中で，体の動きを調整するようにすること。

> 自然の中で伸び伸びと体を動かして遊ぶことにより，体の諸機能の発達が促されることに留意し，子どもの興味や関心が戸外にも向くようにすること。その際，子どもの動線に配慮した園庭や遊具の配置などを工夫すること。

この取扱いについては，特に障害のある子どもの育ちと関連する内容が含まれています。全身を使って活動することは，粗大運動の重要性と関係があります。子どもは好奇心に満ち溢れ，身体を動かす環境があれば自ら環境にかかわりながら身体を動かすことの喜びを感じることが可能です。障害のある子どもにとっても同様で，日ごろ家庭の限られた環境の中でしか遊んだ経験のない子どもは，園の豊かな環境に対してかなり刺激を受け，必要以上に動き回ることもあります。しかし，子どもの気持ちや今までの経験を理解することによって「今」子どもがやりたいことが実現できる場と空間，さらに仲間が必要になるのです。大切なことは，障害のある子どもとクラスの子どもが直接かかわることができる遊びが展開されることです。走ることが好きな自閉スペクトラム症の子どもがいれば，

➡11 「保育所保育指針」「第２章　保育の内容」「３　３歳以上児の保育に関するねらい及び内容」「(２) ねらい及び内容」 ア　健康(ウ)。

➡12　ダウン症
「正式名は『ダウン症候群』(最初の報告者であるイギリス人のジョン・ラングドン・ダウン医師の名前により命名) で，染色体の突然変異によって起こり，通常，21番目の染色体が１本多くなっていることから『21トリソミー』とも呼ばれます。この染色体の突然変異は誰にでも起こり得ますが，ダウン症のある子は胎内環境がよくないと流産しやすくなるので，生まれ

ルールを理解することは難しくても，園庭に白線を引いて走ることができる環境を用意すれば，他の子どもと走ることを楽しむと共に，体を思い切り動かすことにつながります。

ダウン症[12]の子どもがいる場合は，歩行に困難さをもつ場合もあります。3歳児の入園時にヘッドギア[13]を装着する必要がある場合もあります。しかし，好奇心旺盛な子どもの場合は，さまざまな戸外の遊びにチャレンジしたい気持ちを強くもっている場合もあります。そのような場合は安全第一に考えるだけでなく，保育者がこだわりに付き合いながら，可能な範囲で実現できることの補助をすることも大切です。障害のある子どもの要求や要望を大切にしながら安全を確保するということは，難しい状況もありますが，個々の子どもの理解とともに日々の生活や遊びを展開しようとすることが必要です。

保育の場は，ただ好きなことをさせておけば良いのではなく，前述した安全に対する配慮や適度な休息などの配慮も必要になります。幼稚園の場合は入園の前に障害に関する専門機関にかかわって，既に診断を受けている場合もあります。そのような情報を入園前にできるだけ入手し，好きな遊びの傾向や好み，また嫌いなことなどを，保護者と共有することがとても大切になります。子どもの持つ要求と日々の満足な日常を積み重ねる中で，クラスの一員としての存在感がもてるようなかかわりを意識する必要があります。

てきた赤ちゃんは淘汰というに高いハードルを乗り越える強い生命力をもった子なのです。

ダウン症の特性として，筋肉の緊張度が低く，多くの場合，知的な発達に遅れがあります。発達の道筋は通常の場合とほぼ同じですが，全体的にゆっくり発達します。

心疾患などを伴うことも多いのですが，医療や療育，教育が進み，最近ではほとんどの人が普通に学校生活や社会生活を送っています」(日本ダウン症協会ホームページ，http://www.jdss.or.jp/family/index.html)。

➡13　ヘッドギア

歩行などに困難さがある場合，園の段差などによって転倒する可能性があります。そのような場合に頭部を守るためにヘッドギアを装着することがあります。

3　事例から健康と安全な園生活を考える

第2節までに学んだことは，常に教職員全体で把握した上でどのような事態に対しても対応できるようにしなければならないことです。命を守ることの重要性を常に意識した上で，事例を参考にして具体的な園の対応を考える機会にしてもらたいと思います。

Episode 1　つよしくんがいない

保育中は常に子どもの状況を把握し，対応すべき園児がいるか確認する必要がありますが，次のような事件が発生してしまいました。

ある日，園庭で園児が楽しく遊んでいました。この園では園に入る時には門に鍵がかかっているために，内部の事務室などに連絡をして入り口の鍵を開けてもらう仕組みになっていました。障害のあるつよしくんは，多動的な要素があり保育者は常にその動きを気にしていました。しかし，他の子どもから虫を捕まえたいとの要求があり，保育者は虫取り網を保育室横の倉庫に取りに行きました。その後つよしくんが遊んでいたブランコの側に戻り，つよしくんの姿を確認しようと思ったのですが，つよしくんが見当たりません。近くにいた保育者に「つよしくん見ませんでしたか？」と確認したのですが，その保育者は，つよしくんの動きを意識していませんでした。保育者はすぐに職員室の事務の方に状況を伝え，事務の方に保育者全員につよしくんの姿が確認できないことを伝えてもらいました。

子どもが遊んでいる時だったので，全員がつよしくんを探すことができなかったので，10名いる保育者のうち3名がつよしくんを探すことになりました。園庭，保育室などつよしくんが行きそうな場所を必死で探しました。結果として，つよしくんは担当の保育者が虫取り網をしまった倉庫のなかにいたのです。どのように入ったのかは不明でしたが，網を取った後に保育者が扉の上部にある鍵をしていなかったことが原因で，つよしくんは保育者の後を追ってそのなかに入ったようでした。

以上のように事なきを得ずに済みましたが，まさに「ヒヤリハット」⇨14の状況となり，保育終了後に今回の件を全教職員で共有し，障害のある子どもに対する保育者の見る目の重要性について確認しました。

Episode 2　本人の好きなことが仲間をつくるきっかけに

4歳児のダウン症のさとしくんは自分の世界観が強く，なかなか仲間と共に過ごすことが難しいことが多くありました。しかし，6月頃から園のピアノを弾くことが好きになったのです。どこかで見たことがあるのか，音は別としてピアノを弾く姿はプロのピアニストのようです。その姿を見ていたけんたくんが，さとしくんに強い興味をもちました。さとしくんが弾いているピアノの椅子にけんたくんが座ろうとしました。すると「だめー」と言われてしまったのです。けんたくんはそれでもとさしくんのピアノに興味をもち，しばらく弾くのを見ていました。20分程度経過した頃に，再度けんたくんはピアノの椅子に座りました。するとさとしくんはけんたくんの顔をみて「うまい？」と聞いたのです。「うん」。その後2人はピアノに興じました。これがきっかけで2人はとても仲良くなり，担任の先生は今日の出来事を他の子どもに伝えたのです。このことがきっかけで，さとしくんはクラスの一員として定着し，さとしくんが周囲の子どもから認められるきっかけになりました。

Episode 3　視覚障害の子どもが安心して入ることが可能なプール遊び

水に関する重大事故の事例が多くなり，園としては今までの水遊びの方法を一から点検することが必要になりました。特に年長児のさきさんは視覚障害があり，弱視のため視力が0.08程度で，眼鏡を使えば日常生活はある程度問題なく過ごすことができます。眼鏡を使うことができないプールでの遊びでは，いくつかの配慮が必要になりました。今までは保育者2名と保護者のサポートを得て楽しくプール遊びをしていたのですが，再度点検の結果として次のように人的な配置を変更することにしました。1クラス28名のクラスです。

① 子どもと一緒にプールに入る人を最低2名
② 全体を俯瞰して見る人2名
③ 全体を見る人は俯瞰することが他の人にもわかるように蛍光のビブスを着用
④ 弱視のさきさんが安全にプールに入るための配慮
・さきさんの不安解消のために全員が入るプールの横に小さなプールを設置する。
・さきさんには水でっぽうやペットボトルなどの水遊びが可能な道具を用意する。
・大きいプールに入りたくなった場合は，少人数にしてから入るようにする。

子どもには水遊びはとても楽しいのですが，溺れて子どもが亡くなるようなことがないようにしたい旨を子どもに伝えました。すると子どもからは人を押したり，水をかけたりするのはやめてほしいとの意見が出ました。そんな子どもたちの声を聞いているうちに，担任の保育者は，個々の子どもの内面的な気持ちを読み取ることをあまり考えていなかったことに気付きました。結果として子どもたちとお互いの考えを出し合うことで，プールに入ることの楽しさだけでなく，活動のなかにある小さな出来事や気持ちに目を向けることの大切さを学びました。事故を防止することと，障害のある子どもも含めてみんなで楽しく安心して活動ができるように保育のあり方を考えさせられる事例でした。

以上のような事例からわかるように，事故を未然に防ぐだけでなく，保育のあり方や対応を丁寧に検討し，障害のある子どもであっても安全な生活を営むために必要なこととして，園の環境に対する意識がとても重要になります。毎日の環境の点検を必ず誰かが実施すること，また保護者との連携，地域の人々との連携，園内の連携など，繊細な注意を払うことを意識し，極端に安全な保育に意識が行き過ぎないためにも，日常の点検がとても重要になるのです。また，パートや非常勤などの短時間の勤務の保育者が多くなる傾向からも，園内の連携は注意事項や重要な伝達事項は言葉で伝えるだけでなく，ホワイトボードに書くなど視覚的に見えるように工夫することは安全な保育を行うためにとても重要な鍵になります。何か心配な要素をもつ子どもが存在する場合には保護者との緻密な連携を図り，お互いに安心して園の生活が過ごせるようにしなければなりません。

その結果として障害のある子どものみならずどの子どもにとっても健康で安全な生活を過ごし，発達に必要な経験の積み重ねが可能になるのです。

➡14　ヒヤリハット
ヒヤリハットとは，事故に至る可能性のあった出来事の「発見」です。つまり事故に至る可能性があったものの，事故に至る前に発見されて防ぐことができた場合のことです。ヒヤリハットがあった場合は教職員で共有し，事前に防ぐべきことが何であったかをしっかり検討する必要があります。

Book Guide 

・本田秀夫『子どもから大人への発達精神医学――自閉症スペクトラム・ADHD・知的障害の基礎と実践』金剛出版，2013年。

著者の四半世紀にわたる発達障害の臨床の実践から生み出された発達精神医学の大変わかりやすい書籍です。

・本田秀夫『発達障害――生きづらさを抱える少数派の「種族」たち』SB クリエイティブ，2018年。

発達障害とは何か。この問いに丁寧に応えてくれる書籍です。発達障害の診断等で人を見るのではなく，選好性の偏りと考え，その人の立場に立って理解することの重要性を具体的に示しています。

・酒井幸子・守巧『“気になる子” と育ち合うインクルーシブな保育――多様性を認め合い，みんなが伸びるクラスづくり』チャイルド本社，2019年。

障害のある子どもや気になる子どもをクラスから隔てることなく，子ども同士が認め合うクラスにするための大切な考え方や実践事例が示されています。

Exercise

1. どのようなタイプの子どもであっても，安心して安全に園内での園生活を過ごすために必要なことについて，保育者の立場になって具体的に話し合ってみましょう。
2. 子どもを園外に連れて行く場合，２歳児に対する配慮，３歳児に対する配慮など，年齢に応じた対応について具体的に話し合ってみましょう。

第11章

その他の特別な支援を要する子どもの保育

——外国籍・貧困・虐待の問題を考える——

子どもたちはみんなで何をしているのでしょうか？

座っている子どもたちの視線が一斉に写真の奥に立っている二人の保育者に向けられていることから，クラスの集まりの場面であると思われます。その輪から少し離れたところで，男性保育者に付き添われて座っている子どもが一人。集まりに自ら積極的に参加することができず，男性保育者に支えられて，やっとその場に居るように見えます。ただ視線はその輪の中心の二人の保育者の方向に向けられていることから，その二人の保育者の所作が気になっているようです。

私たちにとって，園生活の中で保育者を中心にクラスで集まることは日常の一コマであり，よく目にする，馴染みのある光景です。けれども男性保育者に寄り添ってもらうことで集まりの場に留まっているこの子どもの目には，クラスの子どもたちが一斉に保育者の方を向き，座っている風景は，どのように見えるのでしょうか。まして育ってきた環境や文化が異なる外国籍の子どもであったらどうでしょう。不思議なものとして目に映るかもしれません。

そもそも，なぜクラスで集まるのでしょう。クラスで集まるという経験が子どもの育ちにどのような意味をもたらすのでしょう。保育者は，ただ単に集まることになっているから集まるのではなく，子どもに集まることで何を経験してもらいたいのか，何を感じ，何を考えてもらいたいのか，集まることの意味から考えていくことが大切なのではないでしょうか。そうすることで自ずとなかなか集まりに気持ちが向かない子どもへの援助も見えてきます。外国籍の子どもなど特別な支援を要する子どもの保育について考える際，保育における様々な日常について，「そもそも」という視点から見直してみることも必要なのかもしれませんね。

1 外国籍の子どもの保育

Work 1 異文化に触れた経験

みなさんは，これまでに外国人と関わったり，異文化に触れたりした経験がありますか。それはどんな経験だったでしょうか。具体的なエピソードをあげてグループで紹介し合いましょう。

多くのエピソードが出てきたのではないでしょうか。

近年，みなさんが日常生活のなかで外国人とかかわったり，異文化に触れたりする機会は，それほど特別なことではなくなっています。それでは，なぜ多くの外国人が日本に在住するようになったのでしょうか。その理由を見ていきましょう。

❶ 日本の国際化

日本における外国人登録者数の推移を図11-1に示しました。1990年以降，急激にその数が増加しているのがわかります。

1970年以前の在留外国人は，そのほとんどが第二次世界大戦以前から日本に住んでいた朝鮮半島，および台湾出身の人々，いわゆる「特別永住者[1]」でした。

1980年代以降，日本はバブル経済の進展とともに労働力不足とコスト削減の要請から外国人労働者を受け入れ始め，中国やタイ，フィリピンなどから多くの人々が入国しました。また，1990年には「出入国管理及び難民認定法」が改正され，日系人が日本国内で単純労働に就くことを可能にしたため，日系ブラジル人をはじめとする日系人の入国が急増したのです。

法務省入国管理局の統計によると，2017年末における在留外国人の数は256万人を超え，そのうち０～９歳の子どもの人口は約15万5,000人であり，その数は過去最高となりました。

また日本政府は，2018年に新たな在留資格を創設し，外国人労働

➡1　特別永住者
第二次世界大戦以前から日本に居住し，日本国民として暮らしていた外国人で，サンフランシスコ講和条約により日本国籍を失った人々のことです。

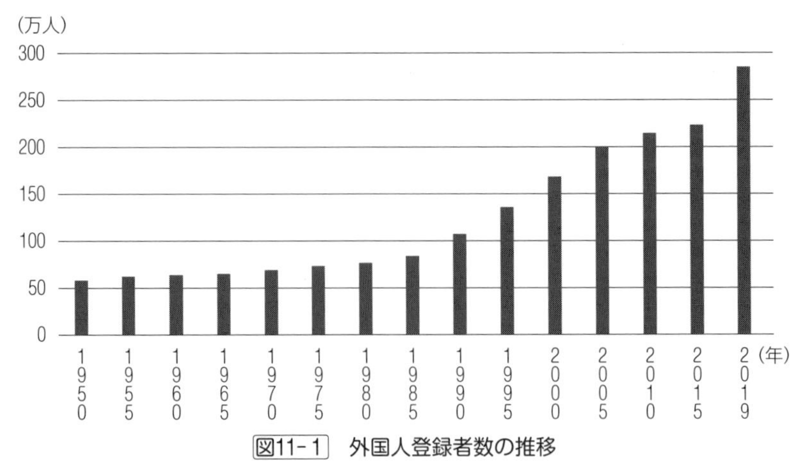

図11-1　外国人登録者数の推移

➡出所：法務省「在留外国人統計」をもとに作成。

者の受け入れをさらに拡大しました。これにより，今後ますます在留外国人の数は増加すると推察されます。それに伴って，外国籍の子どもが日本で保育や教育を受ける機会もさらに増えていくことが予想されます。そのため，みなさんが保育の場で外国籍の子どもと出会う機会も増えていくと考えられます。

それでは，みなさんが外国籍の子どもの保育を行う時，大切にすべきことは何か考えてみましょう。

❷ 外国籍の子どもの保育の実際

ここでは，外国籍の子どもの保育について，具体的なエピソードを通して考えてみます。

Episode 1　保育所へ行くのをやめました

7歳になるベトナム国籍のA児は，3年前に保育所へ行くのをやめました。3年前のある日，A児のクラスでは，ゲームの順番をジャンケンで決めていました。その際，保育者はA児がジャンケンのルールを知っていると思い込み，特別の配慮をしませんでした。しかし，A児はジャンケンの仕方も勝ち負けもわからず，みんなに笑われてしまったのです。そして，そのことをきっかけにA児は保育所に行けなくなってしまいました。その後，小学校にも通っていません。

みなさんは，学校に通っていない子どもたち，いわゆる不就学の子どもが大勢いることを知っていますか。日本には外国籍の子どもの教育についての法的規定はなく，就学義務も課せられていません。

そのため，A児のように些細なことから不就学になってしまうことがあるのです。

このエピソードのなかで保育者は，ジャンケンのときのA児の困った顔に気づいていたのでしょうか。A児のように日本語を理解できない子どもとかかわるとき，保育者には言葉にできない子どもの思いを受け止める感性が求められます。そのため，保育者は自分の思い込みで判断するのではなく，子どもに寄り添い，表情や声のトーンなどから子どもの気持ちに気づくことが必要なのです。

Episode 2　家庭でも日本語を使ってください

4歳児クラスに在籍しているペルー国籍のB児は，日本語での会話が可能ですが，迎えに来た母親とはいつもスペイン語で会話をしています。保育者は，B児が小学校に入学してから困らないようにと考え，母親に「日本の小学校に行くのなら，家庭でも日本語を使ってください」と言いました。母親は日本語があまり得意ではありませんでしたが，日本語を使ってB児と会話をするようになりました。

みなさんは，この保育者のように家庭でも日本語を使うべきだと思いますか。

たしかに，日本の小学校で勉強するためには日本語の習得が必要です。しかし，日本語が不得意な親が間違った発音や表現で日本語を使ったり，母語[2]と日本語を混ぜて使ったりすると，子どもは日本語ばかりでなく母語も正しく話せなくなることがあります。

また，家庭でも母語に触れる機会が少なくなってしまうと，子どもは日本語を身につけていく反面，母語を忘れてしまいます。その結果，親とのコミュニケーションが困難になり，母国や親を否定してしまうこともあるのです。

さらに，母語能力が確立されていない時期に母語教育の機会が閉ざされると，表現と思考の道具としての母語も第二言語も用いることができない状態になるといわれています[3]。

そのため，保育所では日本語を，家庭では母語をしっかり確立することが大切なのです。

➡2　母語
人が初めて身につけた言語，すなわち第一言語を指します。

➡3　太田晴雄『ニューカマーの子どもと日本の学校』国際書院，2000年，p. 181。

Episode 3　話しかけても返事をしません

2歳で入園したブラジル国籍のC児は，保育者が名前を呼んでも話しかけても返事をしません。保育者はC児が返事をしないのは，日本語が理解できないからだと考えていました。しかし，同じ状況がしばらく続いたためC児は検査を受けました。その結果，聴覚障害であると診断されました。C児は，乳幼児健康診査を受けていませんでした。

このように，問題の原因が日本語を理解できないことによるものか障害によるものか判断が難しく，発見が遅れてしまうことがあります。その一方で，日本語が理解できないために，発達に遅れがないにもかかわらず，発達障害であると診断される事例も少なくありません。

また，外国籍の家庭では，日本語による情報が得にくいことから，C児のように乳幼児健康診査などの医療・保健サービス，あるいは福祉サービスを受けていない場合もあります。そのため，保育者は外国籍家庭の状況を把握し，必要に応じて個別の支援を行う必要があります。

Episode 4　ぼくのことがわかるの

3歳児クラスのブラジル国籍のD児は，入園直後はポルトガル語で保育者に話しかけていましたが，数日するとまったく言葉を話さず，指差しやジェスチャーで意思表示をするようになりました。

この園には，ポルトガル語も話せる外国籍保育者が勤務しています。あるとき，その外国籍保育者がD児にポルトガル語で話しかけました。するとD児は非常に驚いた表情で「ぼくのことがわかるの？」と答えました。その後D児は，困ったことや伝えたいことがあると，外国籍保育者を探して母語でコミュニケーションを図っています。

D児が言葉を話さず，ジェスチャーや指さし行動によりコミュニケーションを取ろうとしていたのはなぜでしょうか。それは，保育者に自分の言葉が通じないと認識したからだと思います。言葉を話すことができるのに話さないD児の歯がゆい思いは計り知れません。D児は外国籍保育者と出会ったとき，「ぼくのことがわかるの？」と言いましたが，これは「ぼくの言葉が理解できるの？」という意味とともに，「ぼくという存在を受け入れてくれたの？」という意味をも含んでいるのだと思います。これまで，「何を言っても理解してもらえない，ぼくの存在は受け入れてもらえない」と感じていたところに理解者が現れたことで，その喜びを表現したのではないでしょうか。D児は，母語でコミュニケーションをとれる保育者と出会ったことで，自分の気持ちを表出できるようになり，安心して園生活を送れるようになったのです。

このように，通訳者や，母語を理解できる保育者の存在は，外国籍の子どもの保育に大きな役割を果たします。しかし，外国籍保育者の数は非常に少ないのが現状です。日本で育った外国籍の子どもが成長し，保育者として外国籍の子どもの保育にかかわることが望まれます。

❸ 外国籍の子どもの保育のあり方

これらのエピソードを通して，外国籍の子どもの保育における課題，および保育者が大切にすべきことは何か考えることができたでしょうか。

保育の最大の目的は子どもの最善の利益にあります。保育者は，すべての子どもが保育者に受け入れられ，見守られているという安心感をもち，自分の気持ちを表出できるよう配慮しなければなりません。また，子どもが一人一人の違いに気づき，それらを認め合い尊重できるよう促していく必要があります。

そのため，保育者は自分の思い込みや価値観にとらわれることなく，自らが異文化を理解しようとする姿勢をもたなければなりません。外国籍の子どもに対しては，あいさつや簡単な言葉かけに母語を用いたり，表情豊かに接し，ジェスチャーを用いたり，スキンシップを多く取るなどして信頼関係を築いていくことが大切です。

また，子どもが違いを認め合うための経験として，肌の色の違う人形を用いたり，地域に暮らす外国人とかかわる機会をつくったりする異文化教育も取り入れたいものです。外国籍の保護者に自国の遊び，料理などを紹介してもらい，異なる文化に触れる機会をつくることも有益でしょう。

さらに，子どもが安心して園生活を送るためには，保護者との連携が欠かせません。外国籍の保護者の場合，日本語でコミュニケーションが取りにくいことに加え，さまざまな社会的困難を抱えている場合も少なくありません。そのため，保護者との丁寧なかかわりのなかで家庭の状況や問題を把握し，必要に応じて市町村等の関連機関と連携を図り，適切な支援を行う必要があります。

国籍が違っても，日本で育つ子どもたちに違いはありません。保育者は，次世代を担うすべての子どもが地域で安心して生活し，お互いを尊重し合いながら共に育つ環境づくりの担い手なのです。

2 子どもの貧困と保育

Work 2

現在日本では，子どもたちの７人に１人が貧困といわれています。みなさんは，どのような状況が貧困だと考えますか。

グループで話し合ってみましょう。

Work 2 で，どのような意見が出ましたか。

どのような状況が貧困なのか，多くの意見があったのではないでしょうか。実感が伴わないと感じている人もいたのではないでしょうか。貧困問題は見えにくいといわれています。なぜ，貧困問題は見えにくいのでしょうか。子どもの貧困の現状，子ども期の貧困は子どもに何をもたらすのか，子どもの貧困対策のために保育者は何ができるのかについて考えていきましょう。

❶ 子どもの貧困とは

貧困については，「絶対的貧困」と「相対的貧困」の二通りの捉え方があります。

「絶対的貧困」は，どの社会によっても変わらない概念で，人として，健康な心身の状態を維持することが困難な状態を表し，「食料がない，衣服がない，家がない」などがあたります。一方，「相対的貧困」は，貧困状態は国や地域，時代によって異なるものであると捉え，その社会で，当たり前の生活を営むのに必要な水準を満たしていない状態をいいます。

子どもの貧困指標としては，相対的貧困率が一般的です。相対的貧困率とは，OECD（経済協力開発機構），UNICEF（国際連合児童基

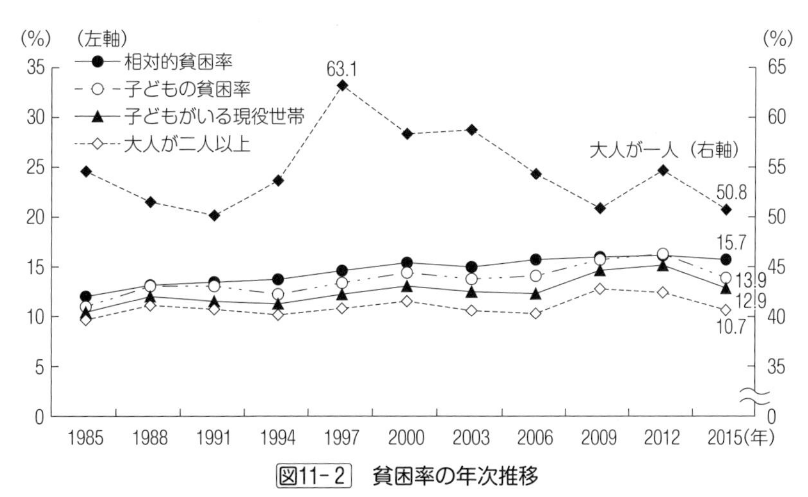

図11-2　貧困率の年次推移

注：1）1994年の数値は，兵庫県を除いたものである。
2）2015年の数値は，熊本県を除いたものである。
3）貧困率は，OECDの作成基準に基づいて算出している。
4）大人とは18歳以上の者，子どもとは17歳以下の者をいい，現役世帯とは世帯主が18歳以上65歳未満の世帯をいう。
5）等価可処分所得金額不詳の世帯員は除く。
出所：厚生労働省「平成28年国民生活基礎調査」2017年をもとに作成。

金)，厚生労働省において採用されている貧困率で，等価可処分所得[4]の中央値の50%である貧困線に満たない人口比率を貧困率としています。「日本の子どもの貧困率は13.9%」とは，等価可処分所得が貧困線に満たない子どもが子ども全体の13.9%の割合でいることを示しています。

4　等価可処分所得
世帯の可処分所得（給与などの所得から所得税，住民税，社会保険料及び固定資産税を差し引いた金額。いわゆる手取りの収入。）を世帯人員の平方根で割り調整したもののことです。

❷ 子どもの貧困の現状

厚生労働省が行った「平成28年国民生活基礎調査」によると，2015年の日本の子どもの貧困率は13.9%，約270万人の子どもが貧困状態にあります。

特に，日本のひとり親世帯の貧困率は，非常に高くなっています。「子どもがいる現役世帯」（世帯主が18歳以上65歳未満で子どもがいる世帯）の世帯員についてみると，貧困率は12.9%となっており，そのうち「大人が一人」の世帯員では50.8%であり，「大人が二人以上」の世帯員の10.7%と比較しても，「大人が一人の世帯」の貧困率は非常に高いものとなっています（図11-2）。

これに関連するデータとして，「平成28年度全国ひとり親世帯等調査」を見ると，母子世帯数は123.2万世帯（推計値），父子世帯数は18.7万世帯（推計値）となっています。そして，2015年度の母子

順位	国名	相対的所得ギャップ	子どもの貧困率（中央値の50%）
1	ノルウェー	37.00	4.5
2	アイスランド	37.76	6.4
3	フィンランド	38.34	3.7
4	デンマーク	39.54	4.8
5	チェコ	39.62	6.3
6	スイス	39.64	7.0
7	英国	39.94	9.3
8	オランダ	40.64	5.7
9	ルクセンブルク	41.21	13.0
10	アイルランド	41.49	6.9
11	オーストリア	41.87	9.6
12	ドイツ	43.11	7.2
13	フランス	43.95	9.0
14	オーストラリア	44.75	9.3
15	韓国	45.74	8.0
16	スウェーデン	46.23	9.1
17	ニュージーランド	46.52	11
18	キプロス	47.19	9.1
19	スロベニア	47.29	8.3
20	マルタ	48.21	14.5
21	ハンガリー	48.34	15.0
22	ベルギー	48.41	10.1
23	ポーランド	51.76	14.5
24	カナダ	53.19	16.9
25	スロバキア	54.21	13.7
26	クロアチア	54.59	14.8
27	リトアニア	54.81	17.8
28	エストニア	55.55	12.4
29	トルコ	57.07	22.8
30	米国	58.85	20.0
31	チリ	59.03	26.3
32	ラトビア	59.66	16.3
33	ポルトガル	60.17	17.4
34	日本	60.21	15.8
35	イタリア	60.64	17.7
36	スペイン	62.62	20.2
37	イスラエル	64.58	27.5
38	ギリシャ	64.69	22.3
39	メキシコ	65.00	24.6
40	ブルガリア	67.01	23.1
41	ルーマニア	67.08	24.3

図11-3　先進国における相対的所得ギャップ

出所：ユニセフ・イノチェンティ研究所「子どもたちのための公平性――先進諸国における子どもたちの幸福度の格差に関する順位表（イノチェンティレポートカード13）」2016年，p. 4 をもとに作成。

世帯の母自身の平均年間収入（世帯の収入）は243万円，母自身の平均年間就労収入（母の就労収入）は200万円となっています[5]。これらのデータから，特に母子世帯では，貧困線ぎりぎりで生活をしているという状況がうかがえます。

また，貧困の広がりを示す貧困率に対して，貧困の格差を表す指標として相対的所得ギャップがあります。相対的所得ギャップは，分布の中央値にあたる子どもの世帯所得と，下から10%にあたる子どもの世帯所得とを比較しており，「最貧困層に属する子どもたちが，『平均的』な子どもからどの程度取り残されてしまっているかを捉えるもの[6]」のことです。図11-3でもわかるように日本の相対

5　同調査によると，父子世帯では平均年間収入が420万，平均年間就労収入が398万となっています。

6　ユニセフ・イノチェンティ研究所「子どもたちのための公平性――先進諸国における子どもたちの幸福度の格差に関する順位表（イノチェンティレポートカード13）」2016年。

的所得ギャップは60.21％と，41か国のなかでも非常に高くなっています。

❸ 子どもの貧困対策について

このような状況を受けて，「子どもの貧困対策の推進に関する法律」が2013年に成立し，2014年１月から施行されました。この法律は，子どもの将来がその生まれ育った環境によって左右されることのないよう，貧困の状況にある子どもが健やかに育成される環境を整備するとともに，教育の機会均等を図ることを目的としています。それに基づき，2014年に「子供の貧困対策に関する大綱」が閣議決定され，生活支援，教育支援，保護者に対する就労支援，経済的支援などが総合的に推進されることになりました。

乳幼児に関する重点施策として「貧困の連鎖を防ぐための幼児教育の無償化の推進及び幼児教育の質の向上」があり，質の高い幼児教育を保障するに当たって「自治体における保幼小連携の推進や教職員の資質能力の向上のための研修の充実等の方策について検討を進める」，「幼稚園教諭・保育士等による専門性を生かした子育て支援の取組みを推進するとともに，就学前の子供を持つ保護者に対する家庭教育支援を充実するため，家庭教育支援チーム等による学習機会の提供や情報提供，相談対応，地域の居場所づくり，訪問型家庭教育支援等の取組を推進する」となっています[7]。

➡7　内閣府「子供の貧困対策に関する大綱」2014年。

❹ 貧困が招く影響について

貧困が招く子どもへの影響について考えていきましょう。貧困は，経済的困難から，家族の力を奪い，子どもの成長と発達の基盤を奪い，自尊心を傷つけ，家族を孤立させます。人間形成の重要な時期である乳幼児期の貧困は，現在の状況だけではなく，将来の可能性，健康状態，学力についても著しい影響を与えるといえます。

「子供の貧困対策に関する大綱」においても「指定保育士養成施設における養成課程において，子供の貧困をはじめ，社会福祉及び児童家庭福祉について履修することを通じ，子供の貧困に関する保育士の理解を深めるよう努める[8]」とされており，保育者は，子どもの貧困の現状や乳幼児期の貧困は子どもに何をもたらすのかについ

➡8　前掲➡7。

ての理解を深め，子どもの将来がその生まれ育った環境によって左右されることのないよう，子どもと家族を支えていくことが求められています。

Episode 5 子どもと保護者へのかかわり

Aちゃん（4歳女児）は，同じ衣服での登園が続いていて，体臭が気になることがありました。昼食のときの過度の早食いも気になりました。送迎の時間が守られないことが多く，送迎時のBさん（母親）の表情も乏しく感じました。また，無断での欠席もありました。保育者は，Bさんに無断欠席や送迎の時間が守られていないことを注意するのではなく「何かお困りなことはありませんか」と声をかけました。その声かけに，少し戸惑った様子を見せたBさんは「ひとり親の気持ちはそうじゃない人にはわかってもらえないから」と答えて去っていきました。その後も，保育者は送迎時にBさんに声をかけ続けました。数日後，Bさんは「私自身も親に公園に連れていってもらった記憶がないし，親に甘えたことなんて一度もありません」と自分自身の子ども期について話を始めました。

保育者は，どうして「何か，お困りのことはありませんか？」と声をかけたのでしょうか。Aちゃんの体臭や衣服の様子，送迎の時間や守られないことや無断欠席，その背景に，保育者は思いを馳せ，困難を抱えながら子育てをするBさんを責めるのではなく，その困難さを共有することからはじめようと考えたのです。このような保育者の姿勢とまなざしに出会い，Bさんは「この人ならわかってくれるかも」と感じたのかもしれません。「支援が困難な人」として捉えるのではなく「困難を抱え，支援を求めている（必要とする）人」との出会いと捉え，その困難さや背景を丁寧に理解していく姿勢が保育者には求められています。

3 子ども虐待と保育

Work 3 しつけと虐待の違いについて

「しつけの一貫です」や「しつけのつもりでした」と虐待の加害者が語ることがあります。みなさんは，しつけに暴力が必要だと考えますか。暴力は必要ないと考えている皆さんは，なぜ，必要ないのかを説明することはできますか。また，しつけと虐待の違いについて説明することはできますか。グループ内で，自分の考えを簡潔に説明し議論してみましょう。

❶ 子ども虐待とは

子ども虐待は，子どもに対するもっとも重大な権利侵害です。児童虐待の防止等に関する法律（以下，「児童虐待防止法」）第 2 条において，「児童虐待」とは保護者（親権を行う者，未成年後見人その他の者で，児童を現に監護するものをいう。以下同じ。）がその監護する児童（18歳に満たない者をいう。以下同じ）について行う次に掲げる行為をいう」と規定されています。この「次に掲げる行為」は，「身体的虐待」「性的虐待」「ネグレクト」「心理的虐待」の 4 つのことを指しており，具体的に例示すると表11-1 にあげるものが該当します。

❷ 子ども虐待の現状について

子ども虐待の現状について，児童虐待相談対応件数の推移から見てみましょう。

2018年度，児童相談所での児童虐待相談対応件数は15万9,838件となっています。心理的な虐待の割合が 8 万8,391（55.3%）件と最も多く，次いで身体的虐待が 4 万238（25.1%）件となっています（図11-4）。DV（ドメスティック・バイオレンス）[9]の目撃は心理的虐待に当たります。DV の目撃により「夕食の時間は恐怖の時間でしかなかった」と口にする子どもや大切な人を守れなかった自分を責める子どももおり，自己肯定感[10]の低下等，子どもたちの心身の成長に深刻な影響を与えています。そうした深刻な影響が社会的に認知されたことや，子どもの前で親が配偶者に暴力を振るう面前 DV での警察からの通告が増えたことも心理的虐待の相談対応件数が増加したことの要因と考えられています。

児童虐待相談における主な虐待者は，「実母」が最も多く47.0%，次いで「実父」41.0%となっています（図11-5）。子どもにとって，もっとも大切にされたいと願う人からの暴力であり，そのことが，

9　DV
配偶者や親しい関係にある者から振るわれる暴力のことで，一般的には男性から女性への暴力をいいます。

10　自己肯定感
自分のあり方や自分自身を価値のある人間であると肯定的に評価できる感情のことです。

表11-1　児童虐待として禁止されている行為の例

ア．身体的虐待（法第２条第１号）
- ●外傷とは打撲傷，あざ（内出血），骨折，頭蓋内出血などの頭部外傷，内臓損傷，刺傷，たばこなどによる火傷など。
- ●生命に危険のある暴行とは首を絞める，殴る，蹴る，投げ落とす，激しく揺さぶる，熱湯をかける，布団蒸しにする，溺れさせる，逆さ吊りにする，異物をのませる，食事を与えない，冬戸外にしめだす，縄などにより一室に拘束するなど。
- ●意図的に子どもを病気にさせる。

など

イ．性的虐待（法第２条第２号）
- ●子どもへの性交，性的暴行，性的行為の強要・教唆など。
- ●性器を触る又は触らせるなどの性的暴力，性的行為の強要・教唆など。
- ●性器や性交を見せる。
- ●ポルノグラフィーの被写体などに子どもを強要する。

など

ウ．ネグレクト（法第２条第３号）
- ●子どもの健康・安全への配慮を怠っているなど。例えば，（1）家に閉じこめる（子どもの意思に反して学校等に登校させない），（2）重大な病気になっても病院に連れて行かない，（3）乳幼児を家に残したまま度々外出する，（4）乳幼児を車の中に放置するなど。
- ●子どもにとって必要な情緒的欲求に応えていない（愛情遮断など）。
- ●食事，衣服，住居などが極端に不適切で，健康状態を損なうほどの無関心・怠慢など。
  　例えば，（1）適切な食事を与えない，（2）下着など長期間ひどく不潔なままにする，（3）極端に不潔な環境の中で生活をさせるなど。
- ●親がパチンコに熱中している間，乳幼児を自動車の中に放置し，熱中症で子どもが死亡したり，誘拐されたり，乳幼児だけを家に残して火災で子どもが焼死したりする事件も，ネグレクトという虐待の結果であることに留意すべきである。
- ●子どもを遺棄する。
- ●祖父母，きょうだい，保護者の恋人などの同居人がア，イ又はエに掲げる行為と同様の行為を行っているにもかかわらず，それを放置する。

など

エ．心理的虐待（法第２条第４号）
- ●ことばによる脅かし，脅迫など。
- ●子どもを無視したり，拒否的な態度を示すことなど。
- ●子どもの心を傷つけることを繰り返し言う。
- ●子どもの自尊心を傷つけるような言動など。
- ●他のきょうだいとは著しく差別的な扱いをする。
- ●子どもの面前で配偶者やその他の家族などに対し暴力をふるう。

など

➡出所：厚生労働省「子ども虐待対応の手引き（平成25年８月改正版）」2013年をもとに作成。

虐待の影響をさらに深刻なものにしています。被虐待者の年齢別にみると「小学生（７歳～12歳）」がもっとも多く５万3,797件（33.7％），次いで「３歳～６歳」が４万1,090件（25.7％），「０歳～２歳」が３万2,302件（20.2％）となっています（表11-２）。

また，「子ども虐待による死亡事例等の検証結果等について（第14次報告）」によると，死亡時点における子どもの年齢について，2016年度に把握した心中以外の虐待死事例では「０歳」が32人

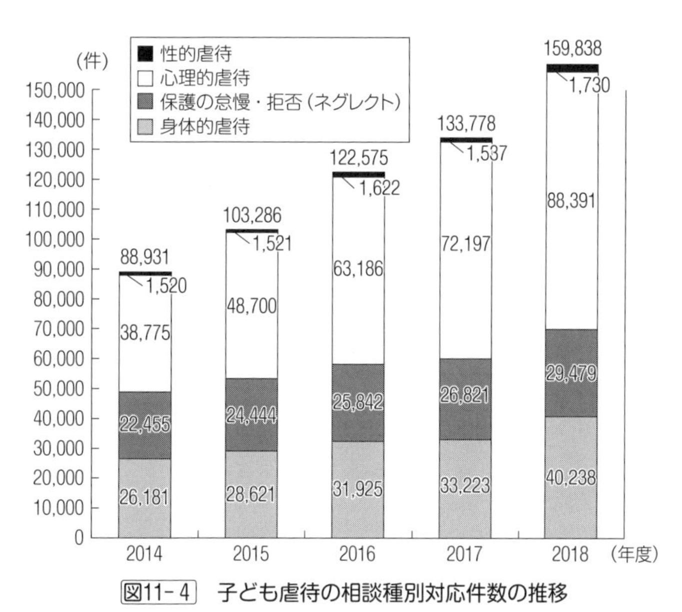

図11-4　子ども虐待の相談種別対応件数の推移

出所：厚生労働省「平成30年度福祉行政報告例の概況」2020年，p. 8 をもとに作成。

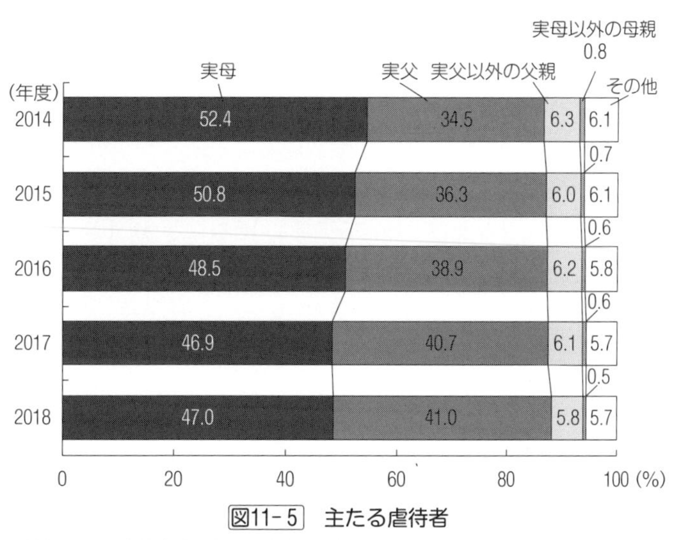

図11-5　主たる虐待者

出所：厚生労働省「平成30年度福祉行政報告例の概況」2020年，p. 8 をもとに作成。

(65.3%) で最も多く，３歳未満は40人 (81.6%) と８割を超える状況となっています。このように，３歳未満の子どもたちが虐待を受けることは，生命にかかわる危険性が高く，早期発見と迅速な対応が求められています。

表11-2 虐待を受けた子どもの年齢構成

（単位：件）

	2014年度		2015年度		2016年度		2017年度		2018年度		対前年度	
		構成割合（%）		構成割合（%）		構成割合（%）		構成割合（%）		構成割合（%）	増減数	増減率（%）
総数	88,931	100.0	103,286	100.0	122,575	100.0	133,778	100.0	159,838	100.0	26,060	19.5
0～2歳	17,479	19.7	20,324	19.7	23,939	19.5	27,046	20.2	32,302	20.2	5,256	19.4
3～6歳	21,186	23.8	23,735	23.0	31,332	25.6	34,050	25.5	41,090	25.7	7,040	20.7
7～12歳	30,721	34.5	35,860	34.7	41,719	34.0	44,567	33.3	53,797	33.7	9,230	20.7
13～15歳	12,510	14.1	14,807	14.3	17,409	14.2	18,677	14.0	21,847	13.7	3,170	17.0
16～18歳	7,035	7.9	8,560	8.3	8,176	6.7	9,438	7.1	10,802	6.8	1,364	14.5

注：2015年度までは「0～2歳」「3～6歳」「7～12歳」「13～15歳」「16～18歳」は，それぞれ「0～3歳未満」「3歳～学齢前」「小学生」「中学生」「高校生・その他」の区分の数である。

出所：厚生労働省「平成30年度福祉行政報告例の概況」2020年，p. 8をもとに作成。

Episode 6 身体的虐待の発見

保育士Aさんは，着替えの時，B君（3歳）の背中に数か所のあざを発見しました。数日前にはなかったあざだったので「どうしたの？」と聞くと，B君は「家の階段で転んだ」と答えました。Aさんは虐待の可能性があると感じましたが，虐待であるという確信はもてずにいました。当保育所には虐待対応マニュアルがあり，このような場合，すぐに上司に報告し情報を共有することになっていましたが，虐待ではなかった場合，保護者を傷つけてしまうことや報告したことで虐待通告につながり，保護者との信頼関係が悪化してしまうことが頭をよぎり，上司への報告を躊躇してしまう自分がいました。送迎時の様子を観察しましたが，B君に笑顔は見られなかったものの，嫌がる様子もなく保育所を去っていきました。

このような場合，あなたならどう対応するでしょうか。また，組織としてどう対応するべきでしょうか。

保育士Aさんは，送迎時の様子を観察するなど，より多くの情報を得ようとしていましたが，記録として残すことの重要性には気づきませんでした。虐待対応マニュアルがある場合，それに従って，躊躇することなく上司に報告し，職員間で情報を共有することが大切です。また記録として残すことも重要です。

日々，子どもと直接かかわっている保育者は，子ども虐待の第一発見者となる可能性が高い存在です[11]。子ども虐待の早期発見を図るため，2004年の児童虐待防止法の改正により「児童虐待を受けた児童」から「児童虐待を受けたと思われる児童」に通告の対象が拡大されました。虐待の事実が明らかでない場合でも，保育者は躊躇することなく通告することが義務づけられています[12]。虐待を発見した

11 児童虐待防止法第5条第1項において，学校の教職員や児童福祉施設の職員などに対して，早期発見の努力義務が課せられています。

12 児童虐待防止法第6条第1項において，通告義務が課せられています。また，児童福祉法第25条においても，同様に要保護児童の通告義務が規定されています。

後の迅速な対応と虐待通告は，子どもだけでなく，保護者を守ることにもつながるのです。

Episode 7　保護者への対応・支援

入園したばかりのCちゃん（3歳女児）は，他児の大きな声に過度に反応したり，他の子どもが叱られている場面でも自分のことのように反応することがありました。送迎時も，母親がCちゃんの手を無理やり引っ張る姿や大声で怒鳴りつけたり，厳しく叱責する姿が度々目撃されていました。保育者は母親との信頼関係を築くため，母親に声をかけるように努めました。母親は「悪いことだとわかっているけど，イライラしたときや時間がないときにどうしても止められない，手が出てしまうこともある」と反省の言葉を口にし「なんとかしたいと思っている」と支援を求めてきました。保育者との信頼関係が深まる過程で，母親は「私自身はもっと辛い思いをしてきた」と自らの虐待体験を話しはじめました。

虐待に至るおそれのある要因の一つに，保護者自身の子ども期の虐待体験があります。子ども期の体験から「しつけに暴力は必要だ」や「殴らないとこの子はわからない，自分自身もそうされてきた」と体罰を肯定する保護者もいます。虐待の発見は，保護者への支援（虐待が何を招くのかについての気づき，暴力を用いないで伝える方法を学ぶ等）の入り口でもあるのです。

Work 3 で議論したことを思い出してください。しつけとは，親が子どもに，どのような大人になってほしいのかを伝えることでもあります。親として子どもに「何があっても暴力で伝えたり，暴力で支配するような大人になってほしくはない」と思いませんか。そうした思いをもちながら，どのように育ってほしいのかを，暴力を用いて子どもに伝えるのが体罰です。矛盾しているとは思いませんか。

なお，2019年の児童虐待防止法の改正によって，「児童の親権を行う者は，児童のしつけに際して，体罰を加えることその他民法（明治29年法律第89号）第820条の規定による監護及び教育に必要な範囲を超える行為により当該児童を懲戒してはならない」とされ，児童のしつけに際して，体罰を加えることの禁止が規定されました。

❸　虐待に至るおそれのある要因

子ども虐待は，いくつかの要因が複雑に絡み合って起こると考え

表11-3　虐待に至るおそれのある要因・虐待のリスクとして留意すべき点

1．保護者側のリスク要因 ・妊娠そのものを受容することが困難（望まない妊娠） ・若年の妊娠 ・子どもへの愛着形成が十分に行われていない（妊娠中に早産等何らかの問題が発生したことで胎児への受容に影響がある，子どもの長期入院など） ・マタニティーブルーズや産後うつ病等精神的に不安定な状況 ・性格が攻撃的・衝動的，あるいはパーソナリティの障害 ・精神障害，知的障害，慢性疾患，アルコール依存，薬物依存等 ・保護者の被虐待経験 ・育児に対する不安（保護者が未熟等），育児の知識や技術の不足 ・体罰容認などの暴力への親和性 ・特異な育児観，脅迫的な育児，子どもの発達を無視した過度な要求　等
2．子ども側のリスク要因 ・乳児期の子ども ・未熟児 ・障害児 ・多胎児 ・保護者にとって何らかの育てにくさを持っている子ども　等
3．養育環境のリスク要因 ・経済的に不安定な家庭 ・親族や地域社会から孤立した家庭 ・未婚を含むひとり親家庭 ・内縁者や同居人がいる家庭 ・子連れの再婚家庭 ・転居を繰り返す家庭 ・保護者の不安定な就労や転職の繰り返し ・夫婦間不和，配偶者からの暴力（DV）等不安定な状況にある家庭　等
4．その他虐待のリスクが高いと想定される場合 ・妊娠の届出が遅い，母子健康手帳未交付，妊婦健康診査未受診，乳幼児健康診査未受診 ・飛び込み出産，医師や助産師の立ち会いがない自宅等での分娩 ・きょうだいへの虐待歴 ・関係機関からの支援の拒否　等

出所：厚生労働省「子ども虐待対応の手引き（平成25年８月改正版）」2013年をもとに作成。

られています。虐待に至るおそれのある要因には，表11-３のようなものがあるとされています。

表11-３にあるように，虐待に至るおそれのある要因としては，保護者側のリスク要因，子ども側のリスク要因，養育環境のリスク要因，妊婦健康診査未受診等のその他のリスク要因が考えられます。保育所や幼稚園，認定こども園には，虐待の疑いのある子どもの早期発見・早期対応及び虐待の予防に努めることが期待されています。虐待の発生を予防するために，子どもと保護者と直接接することができ，直接支えることができる保育者の果たす役割は重要です。

❹ 子ども虐待の影響について

子どもにとって，養育者との関係は，初めての人間関係といえます。初めての人間関係のなかで，養育者に自分の欲求や気持ちを受け止めてもらう体験や大切にされる体験を積み重ねることで，子どもは，安定したアタッチメント関係とアタッチメント対象を獲得していきます。しかし，虐待環境のなかでは，子どもたちが求めても，放置や暴力による拒絶が繰り返されることによって，自分が大切な存在であることを実感することもなく，子どもたちの心身に深い影響を残していくのです。虐待の子どもへの影響については，低体重・低身長，人を信頼できない，他者との安定した人間関係が難しい，多動，心的外傷後ストレス障害，自己肯定感の低さなどがあります。

Episode 8　DV を目撃した子どもへの対応

児童相談所等の関係機関と連携し，対応しているケースです。Dくん（5 歳）は実父から激しい虐待を受けていました。実父から実母への DV もあり，離婚が成立し，母親と妹（3 歳）と共に 3 人で母親の実家近くに引っ越し，本保育所に入所となりました。入所当初からDくんは，ささいなことで怒り，他児の腕をかんだり大声で威嚇したり，トラブルになることが多く，クラスのなかで孤立していました。保育者に対する暴言や反抗的な態度も見られ，気にいらないことがあると椅子を投げるなどの行為も見られます。

こうしたDくんの行動を，単純に問題行動と捉えるのではなく，虐待の影響がこうした行動として現れていること，対応の難しさの背景には，虐待環境のなかでDくんが体験してきた失望や不安や悲しみがあることを理解し対応することが重要です。

Episode 9　ネグレクトが疑われる子どもへの対応

Eちゃん（3 歳）の兄（7 歳）は児童養護施設に入所しており，現在はEちゃんと母親の 2 人で暮らしています。「夜中に子どもの泣き声がするけど，大人の声がまったくしない」との虐待通告があり，児童相談所がEちゃんを一時保護したこともあり，関係機関と情報を共有し連携を図っています。Eちゃんは笑顔を見せることなく，他児から離れた場所で一人で遊ぶことが多く，送迎時も無表情で母親と目を合わせることもありません。体重，身長が年齢相応ではないことやおねしょの回数が多いことも気になります。

Episode 9 は，ネグレクトが疑われるケースです。保護者との間に安定したアタッチメント関係が形成されているかも心配されます。保育者として，E ちゃんをどうサポートしていくのかを Exercise で考えてみましょう。

虐待を受けた子どもへの支援には，安心・安全な場所と時間と人の存在が不可欠です。信頼できる大人（保育者）と出会い，気持ちを丁寧に受け止めてもらう体験や大切にされる体験を積み重ねることを通して，虐待に苦しむ子どもたちの自己肯定感を高めていく，そのためにも保育者の果たす役割は重要となっています。

Book Guide 

・山田千明（編著）『多文化に生きる子どもたち——乳幼児期からの異文化間教育』明石書店，2006年。

この本は，乳幼児期に焦点をあて，多文化が進む社会に生きる子どもたちの発達をどう支援するのかについて，保育実践例を用いて解説しています。

・秋田喜代美・小西祐馬・菅原ますみ（編著）『貧困と保育——社会と福祉につなぎ，希望をつむぐ』かもがわ出版，2016年。

貧困と保育に焦点をあて，保育現場における子どもの貧困問題への気づきと具体的な対応，低所得層の家族と生育環境と子どもへの影響について書かれた本です。

・加藤尚子『虐待から子どもを守る！——教師・保育者が必ず知っておきたいこと』小学館，2017年。

子どもを虐待から守るために保育者が知っておきたい虐待の基礎知識から児童虐待の対応法，保育者の子どもや保護者へのかかわり方がこの本のなかにあります。

Exercise

1.みなさんが将来保育者として外国籍の子どもの保育にかかわるとき，大切にしたいと思うこと

はどんなことでしょうか。グループで共有してみましょう。

2. 子ども期の貧困，特に乳幼児期の貧困の問題が子どもに及ぼす影響について述べ，保育者として何ができるかを考えましょう。
3. Episode 9 はネグレクトが疑われるケースです。保育者として，E ちゃんと保護者をサポートするために，どのようなかかわりが求められていると思いますか。
4. 虐待の発生予防について，保育者に求められる役割とはなんでしょう。発生予防のために，保育園，幼稚園，認定こども園で，どのようなことができるでしょうか。

第 12 章

障害のある子どもの保育にかかわる現状と課題

彼はなぜ土の上で寝転がっているのでしょうか？　皆さんの豊かな想像力で話し合ってみましょう。

保育室に入りたくない，活動に参加したくない。自分の好きなことだけやっていたい。そのような気持ちは障害のある子どもだけでなく，どの子どもにも起きることです。保育の中に参加すること自体が苦手な子どもや，大変おとなしく何にでも従順に従う障害のある子どももいます。大切なことは「子ども理解」です。今の気持ちを察し，その思いに寄り添い，気持ちを理解することが子どもへの「共感」につながります。障害のある子どもの保育にかかわるには，子どもに対する理解と共感がとても大切です。難しい課題を保育者に突きつけてきた時に，保育者の対応や資質が問われるのです。とても難しいことではありますが，障害のある子どもの保育は，保育者の力量を高めてくれる可能性があります。

ここでは，地域で障害のある子どもとかかわるさまざまな人や機関とのつながりについて，紹介していきます。園には多様な子どもたちがいます。多様な子どもたちに必要な配慮をしつつ，保育を展開していくことが求められています。しかし，一人の保育者，一つの園でできることは限られます。保育者が一人でがんばらなくてよいのです。保育者がクラスを一人で抱えてしまう必要はありません。園内の保育者とつながりながら，相談し，知恵やワザを集め，自分に取り入れていくのは，保育者として当然のことだと思います。さらに，障害のある子どもの姿に戸惑いながらも懸命に生きて，たくさんの経験をもつ保護者とも，つながることは重要です。そして，園も地域に対して開かれていることが大切です。地域にはさまざまな専門性をもつ人がいますし，機関があります。こうした人や機関の力を借りながら，障害のある子どもの保育を充実させていきたいと思います。

1　障害のある子どもを地域で支える人や機関

本書第6章や第7章でも触れているように，障害のある子どもやその家族にはさまざまな人や機関がかかわり，その生活を支援しています。ここでは，まず，障害のある子どもやその家族とかかわる人や機関を概観した上で，それぞれの役割等について述べていきます。

図12-1には，障害のある子どもが生まれてから，中学生段階になるまで，どのような機関が子どもや家族にかかわるのかを示しました。図に示したのは，代表的な機関のみであり，名称は自治体によって異なっています。

このうち，図12-1の左側に記しているのは，母子保健，福祉，医療の分野の機関です。右側は，教育の分野の機関です。

Work 1　子どもや家族にかかわる機関

あなたが住んでいる自治体には，子どもや家族にかかわる機関としてどのような機関があるか調べてみましょう。

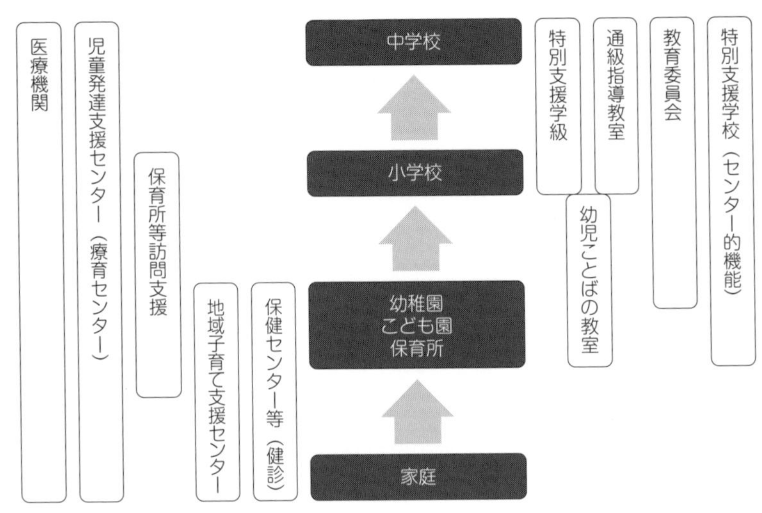

図12-1　障害のある子どもやその家族にかかわる機関

注：代表的な機関のみ示した。自治体により名称は異なる。
出所：筆者作成。

自治体や家族の状況によっては，かかわる機関はさらに増える場合があります。また，一人の保育者が，個人ですべての機関と連携することは難しいと思われます。それぞれの保育者が，かかわりのある親子が利用する機関について，情報収集したり，保護者から話を聞いたりするとともに，園として情報を集約し，共有することが望まれます。園全体として，地域にどのような機関があって，どのような役割を果たしているか共有しておくと，連携がスムースになり，子どもや家族への適切な支援につながります。

2　保健，医療における現状と課題

障害があると言われている子どもたちは，いつ頃，その障害に関する気づきがあり，専門家と呼ばれる人たちと出会うのでしょうか。障害のある子どもやその保護者が，専門家と出会うのは，表12-1に示すように大きく分けて3つの時期があります。

一つ目は，妊娠中，出産時，新生児期です。この時期には，ダウン症候群や18トリソミーのような染色体の異常がある子ども，身体面や運動面で比較的重度の障害のある子ども，視覚障害，聴覚障害のような感覚障害のある可能性がある子どもたちと専門家との出会

表12-1　障害のある子どもや保護者と専門家との出会いの時期

1　妊娠中，出産時，新生児の頃
・ダウン症候群，18トリソミーのような染色体の異常
・身体面，運動面での重度の障害
・先天性の代謝異常
・口唇裂，口蓋裂のような形態の異常
・視覚障害，聴覚障害のような感覚障害の可能性
2　1歳6か月児健康診査の頃
・知的障害がある可能性
・発達障害がある可能性
3　保育所・認定こども園・幼稚園（概ね3歳児頃）
・発達障害がある可能性

出所：筆者作成。

いがあります。

妊娠中には，母親に対してさまざまな検査が行われます。それらの検査によって，形態の異常や，染色体異常に気がつくことがあります。また，出産時や新生児期には，口唇裂や口蓋裂のような形態の異常や染色体異常に気がつくことがあります。新生児室で行われる新生児聴覚スクリーニングにより，聴覚障害がある可能性に気がつくこともあります。

二つ目は，1歳6か月児健康診査の時期である，1歳台後半の頃です。この時期には，知的障害や発達障害のある可能性がある子どもたちと専門家の出会いがあります。

三つ目に，多くの子どもたちが幼稚園に入園する3歳の頃です。この時期には，発達障害のある可能性がある子どもたちと専門家の出会いがあります。

このうち，一つ目については，出生後，短期間で，病院等の医療機関で診断がついたり，障害がある可能性を指摘されたりします。二つ目については，母子保健の機関での乳幼児健康診査等で，三つ目については，園での生活のなかで，気になる行動が指摘され，専門機関につながるという経過になるのが一般的です。

❶ 母子保健の体制と役割

障害のある子どもやその家族が，最初に出会う機関は，市町村の保健センター（こども課，子ども健康課等の名称でも呼ばれています）です。母子保健の担当として，母子手帳交付を通して，子どもが生

まれる前から子どもや家族への関わりを始めます。誕生後は，乳幼児健康診査等を中心に，家庭訪問や電話での相談等で継続的に関わります。

母子保健において，子どもや家族とのかかわりの中心になるのが，保健師という職種の人です。保健師は，担当地域をもっており，その地域の気になる子どもや家族についての情報をもっています。個人情報保護の観点から，情報の受け渡しは慎重である必要があります。しかし，保健師と連携しておくことで，母子保健の仕事内容がよくわかります。

自治体によっては，母子保健担当の保健師が，保護者の許可を得て，園への巡回をしている場合があります。こうしたときは，積極的に情報交換をし，情報を活用して，保育の充実や当該の子どもへの支援の充実を図りたいと思います。

❷ 乳幼児健診と障害のある子どもとの早期出会い

妊娠がわかった時には母子健康手帳を交付しますが，その際，保健師はこれから親になる方たちと丁寧に面接し，心配なことがあればいつでも相談するように伝えています。

誕生後，いわゆる新生児訪問や生後４か月までに保健師等が家庭を訪問する乳児家庭全戸訪問事業（こんにちは赤ちゃん事業）が行われています。

その後は，自治体によって異なりますが，１歳６か月児健康診査，（いわゆる１歳半健診）や，３歳児健康診査（いわゆる３歳児健診）はどの自治体でも実施されています。健診の後にはフォローアップ教室が実施されており，必要に応じて，医療や福祉の機関を紹介することがあります。このような母子保健の取り組みの概要を図12-２に示しました。

Work 2 地域の母子保健体制

あなたが住んでいる自治体では，母子保健を担当している部署はどのような名称でしょうか，また，乳幼児健診（乳幼児健康診査）は，赤ちゃんが生まれた後，どのくらいの時期に，どこで行われているか，調べてみましょう。

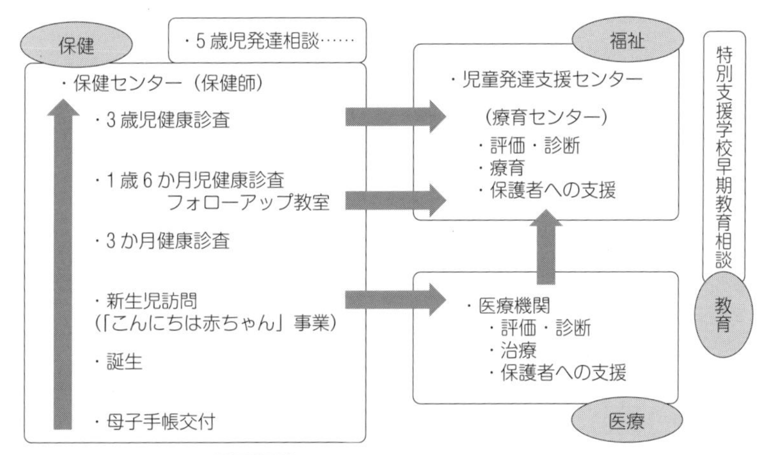

図12-2　母子保健の取り組みの概要

出所：筆者作成。

ここまで「出会い」とか「出会う」という表現を使ってきました。これは，一般的には「障害の早期発見」と言われていることです。「障害の早期発見は重要だ」というような表現がごく普通に使われています。

しかし，「早期発見」という言葉に，皆さんはどのようなイメージをもちますか。「病気の早期発見」「不具合の早期発見」など，よいイメージはないと思います。そして，「早期発見」されたものは，「早期に改善しなくてはならないもの」とされるでしょう。こうした表現を子どもに対して使うのは適切なのでしょうか。

「障害の早期発見」を使わずに，「障害のある子どもや家族との早期出会い」とするのはどうでしょうか。つまり，障害に起因する生活上の困難さがある子どもや，そうした子どもを育てることに困難さを感じている保護者と，多少なりとも知識や経験のある者が，できるだけ早期に出会うという考え方です。この考え方は，子どもを変えようとか，治そうとかするものではありません。子どもの生活しにくさをどうしたら軽減できるか，保護者の育児の困難さや不安に寄り添いながら，どうしたら育児が楽になるかを共に考えることを基本にしています。

現在の乳幼児健診は，こうした考え方で実施されています。乳幼児健診は，障害の早期発見の場とされがちですが，そうではなく，子どもの生きやすさや保護者の育てやすさの手がかりを見つけることこそが重要なのです。

たとえば，1歳半健康診査の保健師との面接場面で，子どもが大泣きしてしまい，やりとりが成立しない，というようなことがあったとします。「早期発見」の考え方から言えば，発達障害の可能性を考え，発達検査等の使用を考えるかもしれません。しかし，こうした場面で大切なのは，「早期出会い」の考え方です。それは，初めての人や場所に慣れにくくて大泣きせざるを得ない子どもへの共感であり，こういう子どもを育てている保護者の日々の思いへの共感です。その上で，この子が初めての場面でも大泣きしなくてすむには，どのような環境にして，どうかかわったらよいのか，保護者が安心して，子どもと暮らすことができるにはどうしたらよいのかなどを，保護者，家族と一緒に考えていくことが重要なのです。

１歳半健康診査の後に，ほとんどの自治体で，フォローアップ教室が実施されています。その目的は，まさに，上記のような「早期出会い」からのかかわりの工夫です。このため，フォローアップ教室は多職種の専門家によって実施されています。子どもとかかわる保育職，子どもや保護者の相談に応じる保健師や臨床発達心理士は一般的ですが，自治体によっては，栄養士や歯科衛生士等が加わっています。これは，保護者の育児への支援という観点で非常に有効です。

「障害に関する相談」をするのはハードルが高い保護者も，「食べ物の好き嫌いが激しい」とか「歯磨きをとても嫌がる」という相談は比較的しやすいです。栄養士や歯科衛生士は，こうした相談，つまり，育児相談に応じて信頼関係を構築します。その信頼関係のうえに保健師や臨床発達心理士との「障害に関する相談」が可能になっていきます。さらに，必要に応じて専門機関への紹介が行われていきます。

❸ 医療機関における障害のある子どもとの関わり

医療技術の進歩により，子どもの病気や形態の異常等が早期に見つかることが増えてきました。たとえば，胎児超音波検査を実施すれば，妊娠中に胎児の形態の異常がわかります。また，ダウン症候群のような染色体の異常について，妊娠中に，その可能性がわかる検査が行われつつあります。こうした検査は「出生前診断」と呼ばれています。

出生前診断は，子どもや母胎である母親に必要な治療をできるだけ早く実施するために考案されたものです。しかし，実際には，妊娠中に異常がわかったことで，出産を望まない人もいます[1]。このことをどう考えたらよいでしょうか。難しい議論ですが，考えを深めていく必要があります。

ただ，間違いなく言えるのは，園に通っている障害のある子どもの保護者は，子どもに病気や異常があると知ったうえで，「この子と生きる」という選択や決断をしたということです。保護者の心持ちについては，第4章にも具体的に述べられていますが，ここでも，一人の保護者の手記を紹介します[2]。

> 告知されてすぐは，私自身が事実と向き合うことに一生懸命で余裕がなくて，NICUの看護師さんやお見舞いにきた両親が「かわいい」を連発するのに対して素直に受け止めることができませんでした。
>
> それでも，看護師さんが私たちがいない間の次男の写真を撮ってメッセージと一緒に残してくれたり，わずかな成長を教えてくれて，だんだんと状況を受け入れることができたと思います。

これは，ダウン症候群のある子どもの保護者の手記です。生後まもなく障害が告知される場合，わが子を受け入れること，わが子に障害があることを受け入れること，障害のあるわが子と生きる自分を受け入れること，少なくとも3つのことが，短期間に一気に保護者に降りかかってきます。それらを受け止めることは，容易なことではありません。

しかし，この例では，子どものかわいらしさを医療スタッフが懸命に伝えようとする姿によって，保護者の心持ちが少しずつ変化しました。「この子と生きる」という選択をする保護者にとって，こうした心配りは，大きな意味をもちます。

これは，医療機関における事例でしたが，入園後に障害の診断を受ける子どもや保護者に対する心配りとしても参考になるものです。

➡1　大野明子『「出生前診断」を迷うあなたへ——子どもを選ばないことを選ぶ』講談社，2013年。

➡2　わが子がダウン症と告知されたママ・パパたち『わが子がダウン症と告知された81人の「声」』club-D，2017年。

3 福祉，教育における現状と課題

❶ 福祉分野——児童発達支援事業等における支援

保育所・認定こども園・幼稚園以外で，障害のある子どもの保育を行う施設として，教育では特別支援学校の幼稚部があります。また，自治体によっては単独事業として幼稚園に通級指導教室に類似した教室を設置したり，小学校の通級指導教室に幼児部門（幼児ことばの教室）を設置したりしている場合があります。

福祉では，障害児通所支援と障害児入所支援とがあります。このうち，園に在籍する幼児が主に利用するのは障害児通所支援です。障害児通所支援には，児童発達支援（知的障害や発達障害が中心），医療型児童発達支援（肢体不自由や重度重複障害を中心），保育所等訪問支援等があります。このうち，児童発達支援と医療型児童発達支援は，通称としてこども発達支援センターとか療育センターと呼ばれる施設で行われます。一方，保育所等訪問支援は，障害のある幼児が在籍する保育所・こども園・幼稚園で行われる支援です。

障害児通所支援では，児童福祉法に基づき，子どもたちの好きなこと，得意なことを伸ばしつつ，生活の基本的動作や集団への準備のための支援等を行っています。「併行通園」と言って，たとえば，こども発達支援センターや療育センターに週２日通い，残り３日を園に通うことも広く行われるようになりました。

Work 3 障害児通所支援

あなたが住んでいる自治体では，どのような障害児通所支援の施設があるか，調べてみましょう。

障害児通所支援を受けるには，自治体の福祉担当窓口にて，障害児通所給付費支給の申請を行い，「受給者証」の交付を受ける必要があります。受給者証には，受けることができる福祉的なサービスの内容や量が記されています。

この受給者証は，身体障害者手帳とか療育手帳とは，制度が異なっており，受給者証の申請にあたって，これらの手帳を取得している必要はありません。保護者にとって身体障害者手帳や療育手帳の取得はハードルが高いですが，受給者証はこれらの手帳がなくても取得でき，かつ子どもの支援につながるものです。保護者に，手帳を取得しないと受給者証が得られないという誤解がないように伝える必要があります。

これらの機関で行われる支援について，生涯を通して記録できるファイルを作成，活用している自治体があります。乳幼児期から成人期まで，できるだけ一貫した指導や支援ができるように，その時々の子どもの姿や生活の様子，指導や支援の内容等に関する情報を記録したもので，「相談支援ファイル」「就学支援シート」「サポートファイル」等の名称で呼ばれています。多くの場合，ファイルの管理は，保護者が行っています。親子に関わる機関が，必要に応じてファイルの記載内容を共有し，特に就学先の決定の際に活用されることが多いです。

入園前に，こども発達支援センターや療育センター等を利用している子どもの場合，入園時に相談支援ファイル等を提示することがあるかもしれません。相談支援ファイルには，保護者の思いや願いはもちろん，入園までにかかわった人たちの具体的な支援内容や方法が記されています。園では，記載内容を熟読し，保護者との面談や，個別の教育支援計画や個別の指導計画の作成の際に活用することが重要です。入園手続きの際，保護者との面談で，相談支援ファイル等の有無について確認し，作成されている場合は，園で作成する個別の教育支援計画等へ引き継いでいくことについて了承を得るとともに，内容についても再確認をするとよいと思われます。

保護者との面談では，子どもの生育歴について保護者から聞き取ることがあると思います。園としては子どもとかかわる上で必要な情報として聞き取ります。しかし，保護者にとっては，今よりもさらにつらかったかもしれない時期の子どもの姿や育児について尋ねられることは心理的に大きな負担となります。また，「あの時，もっとこうしていたら子どもが変わったのではないか」などと後悔する気持ちを抱くことにつながってしまいます。

しかし，相談支援ファイル等があれば，そこに生育歴は，記載されていますから，保育者はそれを熟読して，共感的に保護者に確認することができるでしょう。このように相談支援ファイル等を活用することは，保護者の安心にもつながります。

❷ 教育分野――インクルーシブ教育システムの推進

2017年３月に新しい保育所保育指針，幼保連携型認定こども園教育・保育要領，幼稚園教育要領が告示されました。それぞれの改定（訂）において，国連の障害者の権利に関する条約を実現する教育や保育について示されています。その基本となるのが，2012年７月に中央教育審議会初等中等教育分科会から報告された「共生社会の形成に向けたインクルーシブ教育システム構築のための特別支援教育の推進（報告）」です。

この報告では，今後目指すべき共生社会とそのためのインクルーシブ教育システムの在り方について以下のように述べています。

> ○ 「共生社会」とは，これまで必ずしも十分に社会参加できるような環境になかった障害者等が，積極的に参加・貢献していくことができる社会である。それは，誰もが相互に人格と個性を尊重し支え合い，人々の多様な在り方を相互に認め合える全員参加型の社会である。このような社会を目指すことは，我が国において最も積極的に取り組むべき重要な課題である。
> ○ 学校教育は，障害のある幼児児童生徒の自立と社会参加を目指した取組を含め，「共生社会」の形成に向けて，重要な役割を果たすことが求められている。その意味で，共生社会の形成に向けたインクルーシブ教育システムの構築のための特別支援教育の推進についての基本的考え方が，学校教育関係者をはじめとして国民全体に共有されることを目指すべきである。

このように，今後目指すべき社会は「共生社会」であり，それは，個性が尊重され，多様性を認め合える社会だと示されています。そして，その共生社会を形成するために「インクルーシブ教育システム」の構築が必要であると述べています。インクルーシブ教育システムそのものが目的ではなく，共生社会の形成こそが目的であるということを確認しておきたいと思います。

それでは，インクルーシブ教育システムとはどのようなものでしょうか。先述した中央教育審議会初等中等教育分科会の報告では，以下のように示しています。

> ○　障害者の権利に関する条約第24条によれば，「インクルーシブ教育システム」（inclusive education system，署名時仮訳：包容する教育制度）とは，人間の多様性の尊重等の強化，障害者が精神的及び身体的な能力等を可能な最大限度まで発達させ，自由な社会に効果的に参加することを可能とするとの目的の下，障害のある者と障害のない者が共に学ぶ仕組みであり，障害のある者が「general education system」（署名時仮訳：教育制度一般）から排除されないこと，自己の生活する地域において初等中等教育の機会が与えられること，個人に必要な「合理的配慮」が提供される等が必要とされている。
> ○　共生社会の形成に向けて，障害者の権利に関する条約に基づくインクルーシブ教育システムの理念が重要であり，その構築のため，特別支援教育を着実に進めていく必要があると考える。
> ○　インクルーシブ教育システムにおいては，同じ場で共に学ぶことを追求するとともに，個別の教育的ニーズのある幼児児童生徒に対して，自立と社会参加を見据えて，その時点で教育的ニーズに最も的確に応える指導を提供できる，多様で柔軟な仕組みを整備することが重要である。小・中学校における通常の学級，通級による指導，特別支援学級，特別支援学校といった，連続性のある「多様な学びの場」を用意しておくことが必要である。

このように，障害のある子どもとない子どもができるだけ同じ場で学ぶことを目指しながら，教育的ニーズに応じた学びの場も用意することが示されています。より具体的には，「共に学ぶことについて」として，以下のような記述があります。

> ○　基本的な方向性としては，障害のある子どもと障害のない子どもが，できるだけ同じ場で共に学ぶことを目指すべきである。その場合には，それぞれの子どもが，授業内容が分かり学習活動に参加している実感・達成感を持ちながら，充実した時間を過ごしつつ，生きる力を身に付けていけるかどうか，これが最も本質的な視点であり，そのための環境整備が必要である。

このように，障害のある子どもが，本当に学んでいるといえる環境やかかわりがあることが重要であると述べています。通常の学級に居さえすればよいということではありません。小学校以上であれば，通級による指導，特別支援学級，特別支援学校を用意して，子ども一人一人の教育的ニーズに応じることが必要です。幼児期でいえば，保育所・認定こども園・幼稚園での生活や学びに加えて，こども発達支援センター，療育センター，幼児ことばの教室等を利用することも考慮する必要があるということです。

もちろん，保育所・認定こども園・幼稚園では，インクルーシブ教育システムの考え方を大切にしてほしいと考えます。たとえば，幼稚園教育要領解説には，従来から以下の記述があります[3]。

> 幼稚園は，適切な環境の下で幼児が教師や多くの幼児と集団で生活することを通して，幼児一人一人に応じた指導を行うことにより，将来にわたる生きる力の基礎を培う経験を積み重ねていく場である。友達をはじめ様々な人々との出会いを通して，家庭では味わうことのできない多様な体験をする場でもある。
>
> これらを踏まえ，幼稚園において障害のある幼児などを指導する場合には，幼稚園教育の機能を十分生かして，幼稚園生活の場の特性と人間関係を大切にし，その幼児の障害の状態や特性および発達の程度等に応じて，発達を全体的に促していくことが大切である。

これは，まさにインクルーシブ教育システムの考え方そのものです。各園では，何か新しいものをどこかから持ち込むというのではなく，いままでの保育の経験をインクルーシブ教育システムという視点で再整理することが求められていると思います。

➡3　文部科学省「幼稚園教育要領解説」2018年，p. 117。

4 支援の場の広がりとつながり

❶「統合保育」から「インクルーシブな保育」へ

保育所・認定こども園・幼稚園で障害のある子どもを保育するというと，かつては「統合保育」という言葉が使われました。統合保育の取り組みによって，たくさんの障害のある子どもが園生活を送ることができましたし，園としても障害のある子どもとのかかわりが増え，知識や経験を蓄積することができました。

「統合」とは，何と何の統合でしょうか。この場合，言うまでもなく，「障害のある子ども」と「障害のない子ども」の統合です。つまり，もともと別な存在としての，「障害のある子ども」と「障害のない子ども」を一緒に保育するという考え方に立っていると思います。すでに述べたように，いま，私たちは共生社会の形成を目指しています。そのためにインクルーシブ教育システムの構築を進めています。インクルーシブ教育システムの考え方に立った保育をしていく必要があります。障害のある子どもとない子どもを，別の存在として捉えるのではなく，子どもの多様性を認め，可能な限り，共に生活することを基本にしたいのです。

このように考えると「統合保育」という言葉は，もはや適切とは言えません。「インクルーシブな保育」という表現を使っていきたいと思います。

インクルーシブな保育を行う上で，知っておきたいことがあります。2017年，東京オリンピック競技大会・東京パラリンピック競技大会推進本部の下に設置されたユニバーサルデザイン2020関係閣僚会議が「ユニバーサルデザイン2020行動計画」を発表しました。それには「我々の目指す共生社会」として，以下のような記述があります。

> 我々は，障害の有無にかかわらず，女性も男性も，高齢者も若者も，すべての人がお互いの人権や尊厳を大切にし支え合い，誰

もが生き生きとした人生を享受することのできる共生社会を実現することを目指している。この共生社会は，様々な状況や状態の人々がすべて分け隔てなく包摂され，障害のある人もない人も，支え手側と受け手側に分かれることなく共に支え合い，多様な個人の能力が発揮されている活力ある社会である。

この行動計画で，教育については，主に「心のバリアフリー」の教育の展開について述べています。そのなかで，「子供への教育を通じて大人の意識を変化させていくことも重要である。同時に，大人自身が変わっていく姿を見せることで子供たちに教えていくことも大事である」とし，教師自身が意識を変容させることが期待されていることがわかります。

以上のような考え方や理念が，新しい保育所保育指針，幼保連携型認定こども園教育・保育要領，幼稚園教育要領に反映されています。たとえば，保育所保育指針解説には，以下のような記述があります。[4]

4　厚生労働省「保育所保育指針解説」2018年，p. 48。

保育所は，全ての子どもが，日々の生活や遊びを通して共に育ち合う場である。そのため，一人一人の子どもが安心して生活できる保育環境となるよう，障害や様々な発達上の課題など，状況に応じて適切に配慮する必要がある。こうした環境の下，子どもたちが共に過ごす経験は，将来的に障害の有無等によって分け隔てられることなく，相互に人格と個性を尊重し合いながら共生する社会の基盤になると考えられる。これらのことを踏まえて，障害など特別な配慮を必要とする子どもの保育を指導計画に位置付けることが求められる。

これは，子どもたちが，将来，共生社会を生き，共生社会を担っていく上で，乳幼児期に，共に過ごす経験をしておくことが重要であるということを，保育者が十分に理解し，保育を展開することを求めたものです。これまでの統合保育の取り組みでは，どちらかといえば，障害のある子どもに注目し，その変容を検討することが一般的でした。しかし，インクルーシブな保育は，共生社会の形成という点で，障害のある子どもだけでなく，障害がない子どもにとっても，意義深いものであることと考えられます。

❷ 共生社会の担い手を育む場としての保育所・認定こども園・幼稚園

新しい幼保連携型認定こども園教育・保育要領，幼稚園教育要領では，どの園にも障害のある子どもなど特別な支援を要する子どもが在籍していることを前提に，個に応じた指導内容や指導方法を用いることを求めており，以下のような具体的な例示があります。[5]

▶5　前掲▶3，pp. 118-119。

例えば，幼稚園における個に応じた指導内容や指導方法については次のようなものが考えられる。

・自分の身体各部位を意識して動かすことが難しい場合，様々な遊びに安心して取り組むことができるよう，当該幼児が容易に取り組める遊具を活用した遊びで，より基本的な動きから徐々に複雑な動きを体験できるよう活動内容を用意し，成功体験が積み重ねられるようにするなどの配慮をする。

・幼稚園における生活の見通しがもちにくく，気持ちや行動が安定しにくい場合，自ら見通しをもって安心して行動ができるよう，当該幼児が理解できる情報（具体物，写真，絵，文字など）を用いたり，教師や仲の良い友達をモデルにして行動を促したりするなどの配慮をする。

・集団の中でざわざわした声などを不快に感じ，集団活動に参加することが難しい場合，集団での活動に慣れるよう，最初から全ての時間に参加させるのではなく，短い時間から始め，徐々に時間を延ばして参加させたり，イヤーマフなどで音を遮断して活動に参加させたりするなどの配慮をする。

さらに，障害のある幼児などの指導に当たっては，全教職員において，個々の幼児に対する配慮等の必要性を共通理解するとともに，全教職員の連携に努める必要がある。その際，教師は，障害のある幼児などのありのままの姿を受け止め，幼児が安心して，ゆとりをもって周囲の環境と十分に関わり，発達していくようにすることが大切である。また，障害のある幼児など一人一人の特性等に応じた必要な配慮等を行う際は，教師の理解の在り方や指導の姿勢が，他の幼児に大きく影響することに十分留意し，学級内において温かい人間関係づくりに努めながら，幼児が互いを認め合う肯定的な関係をつくっていくことが大切である。

このような例が示されたということは，各園で，こうした配慮が特別なものではなく，当たり前のこととして日常的に行われるべきものであるということです。もちろん，これだけをすれば十分ということではなく，各園ではこれを基本に，子どもの実態に応じた工夫や配慮を考え，実践していくことが求められています。

このような保育者の姿勢，つまり，一人一人の子どもに必要な支援をしていくのは当然のことだという姿は，子どもたちに伝わっていきます。こうして育った子どもたちは共生社会の担い手としてだれもが暮らしやすい社会づくりをしていくことでしょう。

❸ 多様なライフスタイルに応じる保育

保護者のライフスタイルの多様化によって，障害のある子どもを育てながら働く保護者が増えてきました。筆者らは，障害のある子どもを育てながら働いている母親66名にインタビューを行いました。その結果，仕事をしている母親は育児に関するストレスが少ないことや，仕事をして子どもと完全に離れる時間があるからこそ，子どもに向き合うことができるなどの答えを得ました。

ある母親はこう言っています。[6]

> 仕事をしてるとね，子どものことがとんでいくんです。ええ，とびます，とびます。それがいいんです。で，仕事終わって，子どもを迎えに行くでしょ，そうすると，もうかわいくて，かわいくて……。

➡6　久保山茂樹「障害のある子どもをもつ母親への就労支援」『教育と医学』**54**（5），2006年，pp. 466-473。

保育所や認定こども園にはこうした母親がたくさんいることでしょう。園が障害のある子どもを保育することで，保護者は安心して仕事をし，それは，子どもへの前向きな気持ちをつくることにつながっているのです。

Book Guide 

・青山新吾（編集代表），久保山茂樹（編著）『子どものありのままの姿を保護者とどうわかりあ

うか』学事出版，2014年。

障害のある子どもの保護者とかかわる保健師，幼稚園長，小学校教師，研究者が，それぞれの立場から保護者への思いを具体的に語り，保護者自身も親子の歴史や専門家への思いをありのままに語っている本です。

・**大野明子（編著）『子どもを選ばないことを選ぶ――いのちの現場から出生前診断を問う』メディカ出版，2003年。**

産婦人科医であり臨床遺伝専門医である著者が，障害のある子どもの保護者とのインタビューや座談会を通して，命の大切さを語るとともに，出生前診断や障害の早期発見の在り方について深く掘り下げて検討した本です。

Exercise 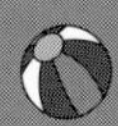

あなたが考える共生社会とはどのような社会ですか，共生社会の担い手として，学生のいま何ができますか，保育者になったとしたら何ができそうですか，考えてみましょう。

《執筆者紹介》（執筆順，担当章）

若月芳浩（わかつき・よしひろ）はじめに，第１章，第10章
　編著者紹介参照。

新平鎮博（にいひら・しずひろ）第２章
　現　在　相模女子大学教授。
　主　著　『病気の子どもの教育支援ガイド』（共著）ジアース教育新社，2017年。
　　　　　『医療従事者が知っておきたい　AYA 世代がんサポートガイド』（共著）金原出版，2018年。

宇田川久美子（うだがわ・くみこ）第３章，第４章
　編著者紹介参照。

藤田久美（ふじた・くみ）第５章
　現　在　山口県立大学教授。
　主　著　『知的発達の理論と支援――ワーキングメモリと教育支援』（共著）金子書房，2018年。
　　　　　『子ども家庭支援の心理学』（共編著）一藝社，2020年。

河合高鋭（かわい・たかとし）第６章
　現　在　鶴見大学短期大学部准教授。
　主　著　『言葉の指導法（改訂第２版）』（共著）玉川大学出版部，2019年。
　　　　　『保育士をめざす人のための施設実習ガイド』（共編）みらい，2020年。

滝口圭子（たきぐち・けいこ）第７章
　現　在　金沢大学教授。
　主　著　『学習・言語心理学――支援のために知る「行動の変化」と「言葉の習得」』（共著）ミネルヴァ書房，2019年。
　　　　　『新・育ちあう乳幼児心理学――保育実践とともに未来へ』（共著）有斐閣，2019年。

田中　謙（たなか・けん）第８章
　現　在　日本大学准教授。
　主　著　『マネジメントする保育・教育カリキュラム』（共編著）教育情報出版，2018年。
　　　　　『デザインする保育内容指導法「言葉」』（編著）教育情報出版，2019年。

守　巧（もり・たくみ）第９章
　現　在　こども教育宝仙大学教授。
　主　著　『“気になる子”と育ち合うインクルーシブな保育――多様性を認め合い，みんなが伸びるクラスづくり』（共著）チャイルド本社，2019年。
　　　　　『“気になる子”の気になる保護者――保育者にできるサポート』（編著）チャイルド本社，2020年。

佐々木由美子（ささき・ゆみこ）第11章第１節

現　在　足利短期大学教授。

主　著　『保育者・小学校教師のための道しるべ』（共著）学文社，2017年。

　　　　『多文化共生保育の挑戦――外国籍保育士の役割と実践』（単著）明石書店，2020年。

渋谷行成（しぶや・ゆきなり）第11章第２節，第３節

現　在　玉川大学教授。

主　著　『児童福祉司研修テキスト――児童相談所職員向け』（共著）明石書店，2019年。

　　　　『要保護児童対策調整機関専門職研修テキスト――基礎自治体職員向け』（共著）明石書店，2019年。

久保山茂樹（くぼやま・しげき）第12章

現　在　国立特別支援教育総合研究所上席総括研究員。

主　著　『障害児保育――障害のある子どもから考える教育・保育』（共編著）光生館，2018年。

　　　　『知的発達の理論と支援――ワーキングメモリと教育支援』（共著）金子書房，2018年。

《編著者紹介》

若月芳浩（わかつき・よしひろ）
現　在　玉川大学教授。
主　著　『環境の指導法（改訂第２版）』（編著）玉川大学出版部，2019年。
　　　　『採用と育成の好循環を生み出す園長の仕事術――子ども主体の保育を実現するリーダーシップ』（共編著）中央法規出版，2020年。

宇田川久美子（うだがわ・くみこ）
現　在　相模女子大学教授。
主　著　『「子どもがケアする世界」をケアする――保育における「二人称的アプローチ」入門』（共著）ミネルヴァ書房，2017年。
　　　　『人間関係の指導法（改訂第２版）』（共著）玉川大学出版部，2019年。

新しい保育講座⑭
障害児保育

2021年１月10日　初版第１刷発行　〈検印省略〉

定価はカバーに
表示しています

編著者　若　月　芳　浩
　　　　宇田川久美子
発行者　杉　田　啓　三
印刷者　藤　森　英　夫

発行所　株式会社　ミネルヴァ書房
607-8494　京都市山科区日ノ岡堤谷町１
電話代表　(075)581－5191
振替口座　01020－0－8076

亜細亜印刷

ISBN978-4-623-08535-4
Printed in Japan